Dinastía Qing

Una guía fascinante de la historia del último imperio de China, también llamado el Gran Qing, que incluye eventos como la caída de Pekín, las guerras del Opio y la rebelión de Taiping

© Copyright 2020

Todos los derechos reservados. Ninguna parte de este libro puede ser reproducida de ninguna forma sin el permiso escrito del autor. Los revisores pueden citar breves pasajes en las reseñas.

Descargo de responsabilidad: Ninguna parte de esta publicación puede ser reproducida o transmitida de ninguna forma o por ningún medio, mecánico o electrónico, incluyendo fotocopias o grabaciones, o por ningún sistema de almacenamiento y recuperación de información, o transmitida por correo electrónico sin permiso escrito del editor.

Si bien se ha hecho todo lo posible por verificar la información proporcionada en esta publicación, ni el autor ni el editor asumen responsabilidad alguna por los errores, omisiones o interpretaciones contrarias al tema aquí tratado.

Este libro es solo para fines de entretenimiento. Las opiniones expresadas son únicamente las del autor y no deben tomarse como instrucciones u órdenes de expertos. El lector es responsable de sus propias acciones.

La adhesión a todas las leyes y regulaciones aplicables, incluyendo las leyes internacionales, federales, estatales y locales que rigen la concesión de licencias profesionales, las prácticas comerciales, la publicidad y todos los demás aspectos de la realización de negocios en los EE. UU., Canadá, Reino Unido o cualquier otra jurisdicción es responsabilidad exclusiva del comprador o del lector.

Ni el autor ni el editor asumen responsabilidad alguna en nombre del comprador o lector de estos materiales. Cualquier desaire percibido de cualquier individuo u organización es puramente involuntario.

Índice

INTRODUCCIÓN 1
CAPÍTULO 1: LA CAÍDA DE LA DINASTÍA MING 4
CAPÍTULO 2: EL EMPERADOR KANGXI 18
CAPÍTULO 3: REINADO DE LOS EMPERADORES YONGZHENG Y QIANLONG 27
CAPÍTULO 4: LA REBELIÓN DE JAHRIYYA, LA REBELIÓN DEL LOTO BLANCO Y EL LEVANTAMIENTO DE LOS OCHO TRIGRAMAS 36
CAPÍTULO 5: LA PRIMERA GUERRA DEL OPIO 42
CAPÍTULO 6: LA SEGUNDA GUERRA DEL OPIO 52
CAPÍTULO 7: LA REBELIÓN DE TAIPING 58
CAPÍTULO 8: AUTOFORTALECIMIENTO DE CHINA 70
CAPÍTULO 9: EMPERATRIZ VIUDA CIXI 77
CAPÍTULO 10: EL LEVANTAMIENTO DE LOS BÓXERS 87
CAPÍTULO 11: EL ÚLTIMO EMPERADOR 96
CONCLUSIÓN 112
VEA MÁS LIBROS ESCRITOS POR CAPTIVATING HISTORY 114
REFERENCIAS 115

Introducción

La China de la dinastía Qing en 1820
Fuente: https://en.wikipedia.org/wiki/Qing_dynasty#/media/
File:Qing_Dynasty_1820.png

Sucediendo a la dinastía Ming en 1644, los emperadores qing lograron crear uno de los mayores imperios que jamás haya existido en el territorio de Asia y el quinto mayor imperio en el mundo. La dinastía Qing duplicó el tamaño del territorio Ming, pero también triplicó su población e integró no solo chinos, sino también tibetanos, mongoles, birmanos, pueblos tai y pueblos indígenas de Taiwán, entre otros. La dinastía Qing gobernó este vasto imperio durante casi 300 años.

La dinastía Qing, centrada en los manchúes, era realmente diferente a otras dinastías imperiales, ya que China se consideraba solo una parte de una grande entidad política multinacional. La fecha de fundación del Imperio qing es muy debatida, ya que algunos historiadores argumentan que debería establecerse en el año 1636, año de la autoproclamación qing, en vez de en 1644, año en que la dinastía Qing conquistó la China Ming.

Los fundadores de la dinastía Qing eran del clan manchú Aisin-Gioro, con sede en Manchuria, una región geográfica que hoy comparten China y Rusia. Los primeros gobernantes de la dinastía Qing mantenían sus costumbres manchúes, rezaban a Buda y usaban el título de "Bogd Khan" en vez del título de "emperador" en sus tratos con los mongoles. Gobernaron en la tradición confuciana china, proclamándose los "hijos del Cielo" y gobernantes con el "mandato del Cielo", lo que significaba que tenían la bendición de los dioses. También adoptaron y desarrollaron la burocracia y la administración existentes para ayudarlos a gobernar un imperio tan grande.

El punto culminante de la dinastía fue a fines del siglo XVIII con el emperador Qianlong, quien impulsó la economía de China y expandió los territorios del imperio hasta su tamaño final. Luego, China quedó bajo el dominio de líderes incompetentes que a veces se mostraban prometedores, pero que nunca regresaron a la gloria del imperio de Qianlong. El Imperio qing comenzó su declive constante a finales del siglo XVIII y principios del siglo XIX. Debilitada por la pobreza masiva y las constantes rebeliones, China también tuvo que luchar contra fuerzas extranjeras, principalmente potencias occidentales, que buscaban colonizar China territorial o económicamente. Para entonces, la población del imperio se elevó muy por encima de los 400 millones, pero la baja tasa impositiva provocó una crisis fiscal. Los funcionarios chinos se volvieron corruptos y la élite gobernante no logró conciliar la paz. La gente comenzó a cuestionar la legitimidad de la dinastía Qing y organizó levantamientos como la rebelión del Loto Blanco.

Incapaz de seguir un camino de modernización como el resto del mundo, China tuvo que afrontar otros problemas para los cuales no estaba preparada, como las guerras del Opio. Gran Bretaña lideró fuerzas extranjeras contra China para imponer el comercio del opio, que estaba prohibido por parte de los emperadores qing. Junto con la rebelión de Taiping, estas guerras costaron a China alrededor de veinte millones de vidas, la mayoría de ellas perdidas debido al hambre y la pobreza. Después de las guerras, China trabajó duro para recuperarse, y para modernizarse con un movimiento de autofortalecimiento, que desafortunadamente fue interrumpido por la primera guerra sino-japonesa.

Otro intento de modernización, la denominada "reforma de los Cien Días", fue interrumpida por la emperatriz viuda Cixi, una insólita gobernante de mentalidad conservadora en la China confuciana que consideraba a las mujeres como posesión de los hombres. La rebelión de los bóxers siguió cuando los grupos religiosos extranjeros obtuvieron el derecho de convertir a la gente y comprar propiedades en toda China. Esta violenta revolución consiguió que Cixi cambiara de opinión y comenzara a reformar el imperio ella misma.

Después de la muerte de la emperatriz viuda Cixi, la dinastía Qing llegó a su fin. El último emperador tenía seis años cuando tuvo que abdicar. Su intrigante vida inspiró muchos libros, biografías e incluso una película muy conocida titulada *El último emperador*. Tras su muerte, China perdió la reputación de gran estado imperial que solía tener.

Capítulo 1: La caída de la dinastía Ming

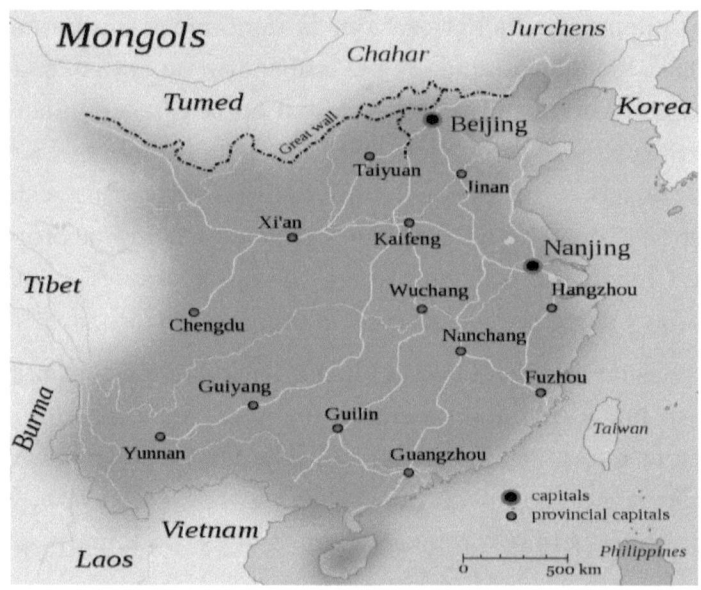

La China de la dinastía Ming durante el siglo XV

Fuente: https://en.wikipedia.org/wiki/Ming_dynasty#/media/File:Ming_Empire_cca_1580_(en).svg

La dinastía Ming gobernó China desde 1368 hasta 1644. Se originó a partir del colapso de la dinastía Yuan mongola y duró hasta que el rebelde Li Zicheng invadió Pekín en 1644.

La cultura floreció durante la dinastía Ming. El emperador Yongle de la dinastía Ming fue quien inició la construcción de la famosa Ciudad Prohibida en Pekín, su nueva capital. Era un complejo de palacios reales que serían habitados por emperadores y sus funcionarios judiciales hasta el fin de la dinastía Qing y el comienzo de la República de China. Varios factores influyeron en la caída de la dinastía Ming. Principalmente, comenzó con una crisis económica causada por una repentina falta de plata en el imperio. La plata era la principal moneda con la que los ciudadanos pagaban impuestos a los emperadores.

Portugal, España y los holandeses lucharon por el monopolio de la importación de plata en China, que les devolvía seda. Pronto, Felipe IV, rey de España y Portugal, comenzó a combatir el transporte ilegal de plata en China. Japón interrumpió su suministro de plata, el cual ingresaba a China con ayuda de intermediarios portugueses. Los chinos comenzaron a acaparar la preciosa plata, lo que provocó que el valor del cobre bajara drásticamente. Ya era imposible comercializar con plata. Los agricultores chinos tenían que vender sus productos a cambio de cobre, pero debían pagar sus impuestos con plata que no tenían. En 1630, mil monedas de cobre tenían el valor de una onza de plata. En 1643, esa misma cantidad de cobre valía solo un tercio de onza de plata.

Durante los últimos años de la dinastía Ming, además de su crisis financiera, se experimentaron algunos cambios poco comunes en el clima, que estaba más frío de lo habitual. Algunos historiadores llaman a este período la Pequeña Edad del Hielo. China sufrió hambrunas y plagas. Los agricultores no podían producir suficientes alimentos y miles de personas murieron de hambre. En medio de todo este caos, la corrupción creció y los funcionarios estatales trajeron aún más miseria a la pobre gente. La ciudad de Huzhou informó una pérdida del treinta por ciento de su población debido a la hambruna y las enfermedades. Otros centros urbanos informaron cifras mucho mayores, alcanzando el cincuenta por ciento en los últimos años de la dinastía Ming. La gente escapaba de las aldeas en busca de comida. Algunos vagaban por el campo con la esperanza de encontrar mejores tierras para sus cultivos, mientras que otros huían hacia las zonas urbanas con la esperanza de sobrevivir mendigando o robando. Muchos intentaban encontrar refugio en las grandes ciudades, ya que los grupos de bandidos comenzaron a aterrorizar las aldeas. En el año 1640, en la provincia de Henan, se informaron incluso brotes de canibalismo.

Comenzaron los levantamientos en todo el territorio. La gente común se rebelaba debido a los nuevos impuestos que aplicaron los funcionarios estatales. Los líderes del ejército que fueron enviados para reprimir las rebeliones a menudo se unían a ellos, agitados por la falta de alimentos y las malas condiciones en sus filas. Las minorías étnicas, especialmente los musulmanes, organizaban sus propias rebeliones debido a la opresión y la pobreza. Algunos de los levantamientos fueron incluso de naturaleza religiosa, como el de 1622 en el cual Xu Hongru, un hombre que las autoridades creían que era un maestro proscrito de la doctrina del Loto Blanco, reunió a la gente común y lideró una rebelión que duró más de un año.

En ese momento, Li Zicheng (1606-1645) era uno de los bandidos más famosos de China y aterrorizó el país durante el reinado del emperador Chongzhen (1627-1644). Li dirigía la provincia de Henan, donde la sequía hizo que miles de personas se unieran a él. Incorporó a dos sabios consejeros en sus filas, lo que resultó ser una valiosa adición. Hasta ese momento, Li era conocido por su crueldad y brutalidad, pero bajo la influencia de sus nuevos mentores, cambió sus tácticas y comenzó a tratar a la gente de las ciudades conquistadas de manera más justa. Incluso los eximió de pagar impuestos y les mostró gran generosidad. Estas acciones son la forma en que se ganó el título "Dashing King" ("Rey elegante", en inglés).

En 1641, Li atacó a Zhu Yousong, príncipe de la dinastía Ming y príncipe de Fu (1607-1646). Tomó la riqueza del príncipe y se la dio a los pobres y hambrientos. En 1643, Li se autoproclamó el "Xin Shunwang" o "Nuevo príncipe de sumisión" y comenzó su gobierno. Organizó una nueva capital en la provincia de Hebei, pero poco después extendió su gobierno hasta las provincias de Shaanxi y Shanxi.

En febrero de 1644, Li Zicheng envió una declaración de guerra al emperador Chongzhen de la dinastía Ming, pero el mensaje no le llegó hasta abril del mismo año. Los historiadores creen que el error de transmisión se debió a la insuficiencia y corrupción del servicio de inteligencia del emperador. Cuando Li llegó al frente de la capital de China, Pekín, el ejército real estaba en total desorden. El 23 de abril, el ejército de Li entró en los suburbios de Pekín sin ningún tipo de resistencia. Se acercó a la puerta de la Ciudad Prohibida con una ofrenda de paz para el emperador. Aseguró que no solo retiraría las sus fuerzas rebeldes, sino que también ayudaría a la dinastía Ming a defenderse de cualquier levantamiento futuro. A cambio, Li exigió que el emperador lo reconociera como gobernante oficial de las provincias de Shaanxi y Shanxi, las cuales ya estaban en su poder. Por la defensa de la dinastía, exigió una recompensa de un millón de onzas de plata. El emperador realmente consideró la oferta, pero decidió rechazarla. Li irrumpió en la capital, con la ayuda de dos eunucos llamados Cao Huashun y Du Xun, quienes traicionaron a su emperador. El emperador Chongzhen se suicidó. Su cuerpo se halló tres días después fuera del muro norte de la Ciudad Prohibida.

El 25 de abril, al entrar en la Ciudad Prohibida, Li Zicheng se declaró emperador y comenzó la efímera dinastía Shun ("sumisión"). Poco después, Li comenzó a tener problemas para controlar a sus brutales y sanguinarios generales, entre los que se encontraba Liu Zongmin, un hombre que Li consideraba su hermano y mejor amigo. Li se enfrentó a sus generales y les ordenó que trataran a las personas de manera justa, pero los generales lo desafiaron abiertamente.

Mostró su incompetencia como emperador en prácticamente todos los aspectos de gobierno, y poco después de ese incidente, la gente comenzó a resentirse.

El emperador Li decidió lidiar con los ejércitos de generales que aún eran leales a la dinastía Ming, pero encontró una gran resistencia en el norte del país, que era donde residían los ejércitos del general más poderoso. Wu Sangui tenía alrededor de 40 000 soldados regulares que custodiaban la frontera norte del imperio. Al principio, Li trató de ganarse la lealtad del general, contactándolo y ofreciéndole un nuevo puesto en su corte. También trató de sobornarlo, pero cuando vi que no podía convencer al general, amenazó a su familia. Wu resistió, y asesiaron a toda su familia. Li decidió marchar directamente contra el general, pero falló dos veces. La tercera vez, reunió un ejército más grande, con más de 60 000 hombres y los dirigió él mismo. Al escuchar que el propio Li Zicheng marchaba hacia el paso Shanhai de la Gran Muralla, Wu decidió pedir ayuda a los manchúes, el pueblo del cual se defendía.

Los manchúes eran un grupo étnico poderoso que residía en la frontera norte de los territorios de la dinastía Ming. Comúnmente, se los conocía como los "bárbaros del norte". El pueblo manchú estaba compuesto por varias tribus de diferente herencia cultural y genealógica, la mayoría de origen chino-han. Los historiadores chinos los describieron como guerreros feroces que valoraban el honor y la fuerza y que no temen a la muerte. Los manchúes vivían en clanes organizados, que dominaban la caza, la agricultura y la guerra. Su ideología era el chamanismo, y los líderes del clan a menudo eran considerados chamanes o individuos cercanos a los planos espirituales. De acuerdo con la voluntad de los espíritus, solo los líderes del clan podían gobernar.

Anteriormente, los manchúes se conocían con el nombre de "Jurchen". Llegaron al poder gracias a un hombre llamado Nurhaci (1559-1626), quien unió a las tribus Jurchen y expandió significativamente el dominio de su gobierno. En 1584, Nurhaci comenzó su conquista. Reclamó algunos clanes mediante alianzas matrimoniales y otros a través del éxito militar. Conquistó no solo otros clanes Jurchen, sino también a los mongoles y algunas otras tribus menores. Su ejército reunió fuerza y destreza militar y llegó a ser conocido por el nombre de los "Ocho banderas". La principal fuerza de combate de los Ocho banderas era la compañía, que estaba formada por 300 soldados. A cada soldado se le pagaba un salario mensual y también ganaba un terreno para que su familia trabajara y viviera. Las compañías siempre estuvieron formadas por una sola etnia. Unidos bajo las banderas, el ejército pudo preservar su diversidad y mantener su propia identidad cultural. Las familias de los soldados también se consideraban parte de los Ocho banderas, y cuando una mujer de una compañía se casaba con un hombre de otra, simplemente cambiaba su afiliación de banderas.

En 1601, los Ocho banderas contaban con más de cuarenta compañías. En este año, Nurhaci realizó una reforma. Se quedó con algunas de las tropas, y les dio el poder de las otras a parientes cercanos.

En 1616, Nurhaci tomó el título de kan y fundó el kanato de Jin posterior, el mismo nombre que habían usado sus antepasados en 1115. Culpó a la dinastía Ming por la muerte de su padre y su abuelo y comenzó una guerra contra China. Para 1621, Nurhaci había conquistado ochenta cuarteles chinos, la provincia de Liaodong, algunas áreas al oeste de Corea y los territorios más allá de la Gran Muralla. Con la captura de la ciudad de Liaoyang, Nurhaci aseguró su control sobre las tierras y preparó el camino para la futura dinastía Qing.

La gente de los territorios chinos conquistados vivía en igualdad de condiciones con sus señores Jurchen. Se les permitió comerciar, vivir y trabajar libremente como cualquier otra etnia bajo los clanes Jurchen unidos. Pero la tensión entre el pueblo chino y los Jurchens siempre estuvo presente. En 1623 tuvo lugar el primer levantamiento chino. Nurhaci derrotó fácilmente a los rebeldes chinos, pero su política hacia ellos cambió completamente. En lugar de intentar integrar al pueblo chino en la misma sociedad, empezó a dividirlos en distritos y no les permitió portar armas. Hubo otra pequeña rebelión en 1625/26, pero fue fácilmente reprimida. Nurhaci murió ese mismo año.

Lo sucedió su hijo, Hong Taiji, también escrito como Huang Taiji (1626-1643). Al principio, compartió el gobierno con sus tres hermanos, pero en 1629, demostró su destreza militar al romper la Gran Muralla y ocupar los territorios chinos del oeste. Tomó las ciudades de Luanzhou, Qian'an, Zunhua y Yongping. También se dedicó a deshonrar y humillar a sus hermanos para que perdieran su prestigio y lo dejaran como único gobernante. En 1633, tomó el control de todos los ejércitos de sus hermanos y los unió bajo el nombre de "Tres banderas superiores".

Hong Taiji consolidó su poder sobre todas las tierras que una vez había gobernado su padre, pero abandonó las políticas que éste había adoptado. En vez de separar a la población china de las demás, trató de juntarlos nuevamente. Contrató a eruditos y asesores chinos, tradujo las enseñanzas de Confucio y construyó una burocracia que imitaba la de la dinastía Ming. Se inspiró en la cultura y los rituales chinos, pero también fundó instituciones Jurchen que funcionaban como ministerios para las relaciones asiáticas. La más destacada fue la "oficina mongola", que más tarde se convirtió en un tribunal para los servicios diplomáticos dentro de los países asiáticos.

Al gobernar a personas con diferentes antecedentes étnicos y culturales, Hong Taiji intentó darles una nueva identidad que los uniera y pusiera a todas las personas, sin importar su origen étnico, al mismo nivel que los Jurchens. De hecho, llamarse "Jurchen" se volvió ilegal, ya que los coreanos, mongoles y chinos que habitaban sus tierras ahora estaban unidos bajo un nombre común, el de "manchú". Al darles un nombre común, Hong Taiji esperaba darles una identidad nacional y un objetivo común. Se promovía entre los manchúes un aspecto unificado para promover la igualdad. Para distinguirse de otros pueblos asiáticos, los hombres manchúes se afeitaban la parte delantera de la cabeza y se trenzaban el pelo de atrás. Además, las mujeres manchúes no se vendaban los pies como las mujeres chinas, ya que se apreciaba más el aspecto natural. Las disciplinas distintivas de los manchúes eran la equitación y el tiro con arco. Todos los pueblos que formaban parte de los manchúes compartían símbolos comunes como urracas, cuervos y sauces. También compartían leyendas y mitos. Uno de los rasgos de identidad nacional más importantes de los manchúes era el chamanismo y los sacrificios a los cielos, que probablemente se originaron cuando los pueblos manchúes eran cazadores-recolectores. El chamanismo tomaba ahora una forma diferente, ya que los manchúes ya no eran nómadas. Ahora estaban interesados en la agricultura y los asentamientos. Por lo tanto, el chamanismo involucró un gran número de personas que participaban en rituales.

Los manchúes también tenían su propio idioma y escritura. Años más tarde, durante el reinado de la dinastía Qing, la escritura manchú se utilizó como escritura real oficial. Los funcionarios estatales y los miembros de las banderas tenían que dominar el idioma manchú, aunque la gente común solía usar el chino clásico y el mongol en la vida cotidiana. Para el año 1635, los manchúes producían todos sus documentos en los tres idiomas que estaban en uso en la mayor parte de su estado: manchú, chino y mongol. Todos los documentos debieron traducirse a esos tres idiomas, lo que derivó en algunos errores de traducción o censura deliberada de alguno de los idiomas. Los mismos documentos podían presentar una forma diferente en un idioma determinado, lo que los dejaba abiertos a la interpretación.

En 1636, cuando los manchúes ya estaban unidos bajo la misma identidad cultural y social, Hong Taiji comenzó a construir su imperio estableciendo las bases del gobierno de la dinastía Qing.

Durante 1638, los Ocho banderas, bajo el gobierno de Hong Taiji, ocuparon Corea, logrando que su rey renunciara a su lealtad a la dinastía Ming. Con sus fronteras protegidas, Hong Taiji desvió sus intereses hacia China y comenzó el largo asedio de su primer objetivo, Jinzhou, una ciudad de gran importancia estratégica. Tras su caída, las fuerzas manchúes se dirigieron hacia el Paso Shanhai. Pero en septiembre de 1643, Hong Taiji murió repentinamente. Su muerte detuvo el progreso de los militares, ya que surgió una disputa de sucesión.

Ese mismo año, coronaron como emperador a uno de los hijos pequeños de Hong Taiji, llamado Fulin, pero como solo tenía cinco años en ese momento, se decidió que la regencia debería ser compartida por el hermano de Hong, Dorgon, y un famoso general llamado Jirgalang.

En este momento, el general chino Wu Sangui se enfrentaba a la amenaza del emperador bandido Li Zicheng. La muerte del emperador manchú Hong Taiji le dio a Wu la oportunidad de pensar en su próximo movimiento, ya que se enfrentaba a una posible guerra en dos frentes. Entonces, decidió unir fuerzas con los manchúes y enfrentarse al ejército de Li con esa ayuda. Tras la muerte del emperador Chongzhen, Wu escribió a los manchúes, contándoles que era obligación de la dinastía Qing deshacerse del intruso Li Zicheng. En 1644, Wu se rindió formalmente frente los manchúes y acordó colocar sus fuerzas en las primeras filas de combate contra el ejército de Li Zicheng.

En la confrontación inicial, las fuerzas de Wu sufrieron pérdidas significativas y habría sido derrotado si el ejército manchú no hubiera ayudado. Las fuerzas de Dorgon superaron al ejército de Li y rompieron sus filas. El ejército del Imperio shun debió refugiarse tras los muros de Yongping. Tras su derrota, debieron regresar a Pekín, donde comenzaron a saquear las oficinas y casas de exfuncionarios Ming. El 31 de mayo de 1644, Li realizó una ceremonia de coronación como último intento desesperado de imponerse como emperador. Sin embargo, al día siguiente, incendió la Ciudad Prohibida y comenzó a huir hacia el oeste, con todas las tropas de Wu persiguiéndolo. Poco después, Li Zicheng desapareció y nunca más se lo mencionó en los textos de historia. No se sabe qué le sucedió, pero hay varias historias diferentes, algunas muy reforzadas por el folclore.

Meses después, Dorgon estableció el gobierno de la dinastía Qing en Pekín, reestableció el orden en la ciudad y prometió recompensa a todo aquel que se arrodillara ante el nuevo emperador. Aquellos que no aceptaran el gobierno manchú serían masacrados. Al principio, la gente dudaba en aceptar una nueva dinastía, pero al escuchar que se les prometía prestigio y recompensas, decidieron rendirse. La dinastía Qing prometió preservar la herencia cultural china, pero también exigió a la gente que mostrara sumisión adoptando el peinado manchú.

Un soldado con peinado manchú
Fuente: https://en.wikipedia.org/wiki/Queue_(hairstyle)

Los chinos han no gustaron de este reglamento, ya que consideraban su propio peinado como signo de identidad cultural propia. Esta resistencia provocó que los manchúes masacraran a poblaciones enteras en algunas partes de China. Los números a menudo superaban las decenas de miles en una sola ciudad. Las historias de estas masacres sobrevivieron durante cientos de años, sirviendo como combustible para los movimientos anti-Qing, especialmente durante fines del siglo XIX y principios del XX.

Reformas bajo la nueva dinastía Qing

La dinastía Qing tardó más de cuarenta años en consolidar su poder sobre China. Aunque proclamaban la igualdad entre todos los pueblos que habitaban el imperio, de alguna manera, los manchúes siempre fueron mayoría a la hora de elegir a los funcionarios estatales y judiciales. Dorgon, a pesar de ser solo un regente del joven emperador, se convirtió en la personificación del estado, lo que le dio más poder del que jamás tuvo ningún regente. Incluso el discurso de coronación del emperador confirmó el poder que ejercía Dorgon. Colocó a varios funcionarios chinos bajo su propio mando, mostrando buena voluntad para cambiar la supremacía manchú y trabajar más por la igualdad dentro del imperio. Dorgon instaló nuevos exámenes a nivel metropolitano, y los chinos han que los aprobaban tenían un puesto potencial dentro de la burocracia qing inferior. Miles de personas aprobaron estos exámenes y se convirtieron en funcionarios civiles, que servían por todo el país.

Los militares también pasaron por algunas reformas importantes durante el gobierno de Dorgon. Consideró importante organizar cuarteles dentro de China propiamente dicha (China del interior sin las regiones conquistadas). Entre 1644 y 1669, se distribuyeron alrededor de dos millones de acres de tierra entre las tropas y sus familias. La tierra contenía granjas, hogares y campos agrícolas, donde las familias de los hombres que servían al ejército habitaban y trabajaban. Los informes dicen que 40 000 hombres y su sfamilias recibieron hasta seis acres de tierra por persona dentro de un solo hogar. Los oficiales superiores de los ejércitos manchúes recibían propiedades mucho más grandes.

Los ciudadanos que se mudaron de las tierras originales manchúes en Liaodong a China organizaron enclaves manchúes conocidos como ciudades manchúes. Allí vivían los soldados y sus familias y fueron descritas por los historiadores como mitad cuartel, mitad ciudad. Sirvieron como centros administrativos con apariencia de guetos étnicos. Estas ciudades no eran ciudades independientes, sino complejos dentro de los muros de ciudades ya existentes, como Pekín, Xi'an, Nankín, Hangzhou y otras. Al principio, en las áreas metropolitanas, solo se permitían los estandartes mongoles y manchúes, conocidos como "los Ocho banderas de la capital", mientras que los estandartes de otras etnias se conocían como "los Ocho banderas de cuartel". En 1648, Dorgon ordenó que todas las fuerzas militares dentro de las ciudades separaran físicamente sus partes de la ciudad de los chinos. Así es como Pekín acabó teniendo una ciudad interior manchú que rodeaba el Palacio Real de la Ciudad Prohibida, mientras que los chinos tenían un cuartel en las afueras. A los chinos se les permitía pasar tiempo en la parte interior manchú de la ciudad, pero no se les permitía pasar la noche.

A pesar de esta clara distinción entre los distritos manchúes y chinos, la integración del pueblo chino en la cultura manchú tuvo éxito. En las afueras, los chinos podían mantener vivas sus propias culturas tradicionales, pero también optaron por implementar algunos elementos manchúes. Por ejemplo, representaban obras de teatro de tradición china junto con historias manchúes. Escribieron sus puertas y letreros de calles con caracteres chinos y manchúes, y la comida que se servía en las afueras de la ciudad era de origen chino y manchú.

Con la organización de los cuarteles manchúes, la dinastía Qing comenzó a reorganizar restos de los antiguos ejércitos Ming, formados por chinos han. Esta nueva fuerza de combate ahora servía bajo el nombre de "Ejército del estandarte verde". El historiador militar Luo Ergang estimó que en 1686 había alrededor de 578 000 oficiales y soldados del Estandarte verde en China. El ejército del estandarte verde se dispersó por toda China con el propósito de controlar a sus compatriotas. En otras palabras, eran soldados han controlando a otros hans. Inicialmente, la dinastía Qing planeó que el Estandarte verde mantuviera la paz local y supervisara la distribución de granos o el transporte fluvial dentro del país. En 1683, tuvo lugar una revuelta en China que le otorgó al Estandarte verde gran poder militar dentro del estado, lo cual, hasta ahora, solo estaba reservado para los ejércitos de las banderas.

Mientras la dinastía Qing se establecía como gobierno en Pekín, los príncipes Ming restantes intentaron mantener la dinastía en el exilio. Zhu Yousong, el príncipe Fu, incluso se declaró emperador, pero fue capturado y asesinado un año después. El último de los príncipes Ming, Zhu Youlang, trató de evitar la muerte manteniéndose en constante movimiento. Sin embargo, en 1662, fue capturado y estrangulado en Birmania por el general Wu Sangui.

La amenaza más seria para la dinastía Qing era el general Zheng Chenggong, más conocido como Koxinga (1624-1662) que todavía era leal a Ming. Había sido oficial naval bajo la dinastía Ming y era feroz defensor anti-Qing. Logró reunir un ejército de 250 000 hombres y alrededor de 2000 barcos para enfrentar al nuevo gobernante. Su base estaba alrededor de la ciudad costera de Xiamen, también conocida como Amoy, en la provincia de Fujian. En 1659, Chenggong navegó con sus tropas hacia el río Yangzi y derrotó al ejército qing en Nankín. Sin embargo, prefirió no continuar con la conquista y se quedó en Nankín. Los qing enviaron fuerzas de contraataque y derrotaron a Chenggong, que debió regresar a Xiamen. Para evitar más conflictos con la dinastía Qing, decidió tomar las tierras de Taiwán y fundó lo que él llamó "la capital este de Ming". La dinastía Qing respondió prohibiendo el comercio marítimo en esta área. Estas medidas severas provocaron la muerte de muchos agricultores y pescadores costeros. Esta política se mantuvo hasta 1669, mucho después de la muerte de Chenggong, porque su hijo y sucesor, Zheng Jing, logró mantener a Taiwán bajo control y continuó liderando las fuerzas anti-Qing.

Dorgon murió el 31 de diciembre de 1650 y comenzó una nueva lucha por el poder para la regencia. El anterior corregente, el general Jirgalang, fue elegido una vez más, pero el propio emperador Shunzhi, un niño de doce años, comenzó a mostrar su independencia y autoridad, ya que había aprendido sobre asuntos estatales de su tío

Dorgon. Pero para establecer su propia supremacía sobre los príncipes y nobles manchúes, debió destruir la reputación de su tío. Una semana después de la procesión fúnebre de Dorgon, el emperador lo acusó de codicia y arrogancia.

Para presentarse como un gobernante confuciano sabio y benevolente, el emperador inició sus propias reformas dentro del estado. Luchó contra la corrupción y extravagancia dentro de las filas burocráticas y estableció una mayor supervisión sobre los funcionarios civiles, tanto en las ciudades como en las zonas rurales. También invirtió en agricultura y redujo los impuestos.

El emperador Shunzhi gobernó el país con diligencia, y gracias a las exitosas campañas militares, el estado se mantuvo unido. Esas expediciones militares eran obra del general chino Hong Chengchou, quien también fue gobernador de cinco provincias del sur. El emperador se dedicó a la cultura, el teatro, la caligrafía y la literatura, mientras que el poder de las cortes estaba en manos de los eunucos y sacerdotes budistas que rodeaban al emperador. El emperador Shunzhi murió el 5 de febrero de 1661, a la edad de 22 años, posiblemente de viruela.

Capítulo 2: El emperador Kangxi

Retrato del emperador Kangxi. Nombre personal: Xuanye
https://en.wikipedia.org/wiki/Kangxi_Emperor

La muerte del emperador dio lugar a otra lucha de poder dentro de la corte. Se acusó al eunuco preferido del emperador fallecido de falsificar su testamento y se lo condenó a muerte. Sin embargo, fue la emperatriz viuda Xiaozhuang quien adaptó el testamento. El tercer hijo del emperador Shunzhi, con solo siete años, ocupaba ahora el trono. Tenía a cuatro ancianos manchúes actuando como regentes, y tuvieron la mayor parte del poder durante los siguientes seis años. Sin embargo, tuvieron que compartir este poder con la abuela del emperador, ahora conocida como "Gran emperatriz viuda Xiaozhuang". El nombre personal del nuevo emperador era Xuanye, y se decidió que debía heredar el trono porque había sobrevivido a un brote de viruela cuando era joven. Como emperador, era conocido con el nombre de Kangxi ("pacífico, agradable"). En la historia de China, se lo conoce como el emperador con más tiempo en el poder, ya que ocupó el trono durante 61 años. También se lo considera uno de los mayores emperadores que ha tenido China.

Casi inmediatamente después de convertirse en emperador, sus regentes, liderados por el comandante militar Oboi, implementaron una serie de cambios en el gobierno. En los puestos burocráticos más altos, reemplazaron a los amados eunucos del emperador Shunzhi por funcionarios manchúes. Convirtieron el Departamento de la Casa Imperial en una institución oficial, lo que sería una herramienta fundamental para implementar políticas imperiales después de 1661. Los regentes también expandieron el poder del Tribunal de Asuntos Coloniales y el Consejo Deliberante de Príncipes, que ahora tenían control sobre los asuntos militares y civiles, y la vez disminuía el poder del Censorado y la Academia Hanlin. El Censorado era una agencia supervisora china que empleaba a burócratas y les encargaba la tarea de monitorear el comportamiento de todos los visitantes, funcionarios e incluso del emperador. Su trabajo consistía en asegurarse de que se siguieran todos los protocolos, pero también quitar lugar a cualquier posible corrupción. La Academia Hanlin empleaba solo a eruditos de la élite para encargarse de los asuntos literarios y de secretaría para el emperador. Los artistas que trabajaban para la corte también formaban parte de esta academia.

El único objetivo de los regentes era preservar a los manchúes en la cima del orden social. En otras palabras, querían asegurarse de seguir siendo superiores a cualquier otra etnia dentro del imperio. Para lograr esto, consiguieron evitar que el emperador aprendiera chino. En cambio, centraron los estudios del emperador Kangxi en las artes militares manchúes y la escritura manchú. Durante su vida adulta, el emperador aprendió chino con la ayuda de sus eunucos.

El emperador Kangxi estaba resentido con sus regentes y trató de perjudicarlos y destruir su poder, con la ayuda de partidarios chinos y manchúes. El emperador trató de revertir algunos de los cambios de gobierno que habían implementado los regentes, pero no fue hasta 1669 que los enfrentó directamente. A Oboi se lo acusó de arrogancia y falsedad y lo arrestaron. Murió en prisión poco tiempo después. Sus partidarios fueron castigados, algunos con pena de muerte, otros con castigos mucho más leves. A partir de ese momento, el emperador Kangxi tomó un firme control sobre sus tierras y finalmente se convirtió en el único gobernante.

La rebelión de los tres feudatarios

Durante los primeros años de gobierno, el emperador Kangxi tuvo que lidiar con una rebelión conocida como la Rebelión de los tres feudatarios, también conocida como la Rebelión de Wu Sangui.

Wu Sangui se había ganado el respeto de los emperadores qing durante la conquista manchú de China. Obtuvo el título de "Príncipe Pingxi" (Príncipe pacificador del oeste) y las provincias de Yunnan y Guizhou. Pero no era el único ex general Ming que merecía títulos y tierras por ayudar a los manchúes a establecer la dinastía Qing. Shang Kexi y Geng Zhongming recibieron títulos similares, así como las provincias de Guangdong y Fujian. Estos tres príncipes disfrutaron de mucha más libertad que cualquier otro gobernador. Se les permitió elegir sus propios funcionarios estatales, tener sus propios ejércitos y establecer sus propios sistemas fiscales.

Estos tres feudatarios ejercieron una gran presión sobre los recursos imperiales. Vaciaron la mitad del tesoro real entre ellos. Shang Kexi y Geng Zhongming y sus sucesores gobernaron como tiranos, oprimieron a su pueblo y dieron demasiada libertad a sus generales para recolectar comida y dinero de los plebeyos. Debido a esto, el emperador Kangxi se sintió amenazado y quiso regular su poder.

En 1673, Shang Kexi pidió permiso al emperador para retirarse del puesto. Poco después, Wu Sangui y Geng Jingzhong, nieto de Geng Zhongming, hicieron lo mismo. Los funcionarios de la corte aconsejaron al emperador que no les concediera sus deseos, pero el emperador Kangxi siguió el consejo de su abuela y concedió el retiro a los tres generales, ordenándoles que se reasentaran en Manchuria. Se negaron a obedecer esta orden y, en cambio, decidieron rebelarse contra la dinastía Qing. Ese mismo año, Wu Sangui denunció a la dinastía Qing y se proclamó fundador de la nueva dinastía Zhou. Convenció al pueblo chino de que se uniera a él, prometiendo el regreso de los valores de la dinastía Ming. Cortó su cola manchú y restauró algunas de las viejas costumbres Ming, lo que le ayudó a ganarse la confianza de algunos de los funcionarios chinos han. Wu envió mensajes al emperador Kangxi, diciéndole que, si abandonaba Pekín y regresaba a sus antiguas tierras manchúes, lo dejaría vivir. El emperador rechazó esta propuesta y comenzó una guerra de ocho años contra las fuerzas rebeldes.

En 1674, Wu tomó el control de las provincias de Hunan y Sichuan. Las provincias de Fujian, Guangdong, Guangxi y Shaanxi también se unieron a la rebelión. El Reino de Tungning en Taiwán también se unió, y su gobernante, Zheng Jing, supuestamente llevó a 150 000 hombres a las costas de la provincia de Guangdong.

Wu murió en agosto de 1678 y fue sucedido por su nieto, Wu Shifan, quien ordenó al ejército rebelde retirarse a Yunnan. La muerte de Wu Sangui disminuyó la moral de las fuerzas rebeldes, y el emperador Kangxi aprovechó la oportunidad para retomar el control de la provincia de Hunan. En 1680, el ejército chino han del estandarte verde se apoderó de los territorios de Sichuan y el sur de Shaanxi, con las fuerzas manchúes proporcionando logística y provisiones. Pronto, la dinastía Qing reclamó los territorios de Guizhou y Guangxi, lo que obligó a Wu Shifan a retirarse a Kunming.

En 1681, el general de las fuerzas imperiales, Zhao Liangdong, dirigió un ataque de tres frentes contra Yunnan con los ejércitos de Hunan, Guangxi y Sichuan. Conquistaron el monte Wuhua y asaltaron Kunming. En octubre, la ciudad cayó y Wu Shifan se suicidó. Su ejército rebelde se rindió inmediatamente después de su muerte. Pero la victoria final sobre los rebeldes fue la conquista qing del Reino de Tungning en Taiwán en 1683, momento en el que Taiwán finalmente queda bajo el dominio del Imperio qing. El último gobernante del Reino de Tungning, Zheng Keshuang, recibió el título de Duque Haicheng, y su ejército se incorporó a los Ocho banderas.

El período posterior a la revolución

Después de la rebelión de los tres feudatarios, el emperador Kangxi dirigió su atención a las fronteras norte de sus tierras, donde se producían constantes enfrentamientos entre rusos (cosacos) y mongoles manchúes. Para el año 1683, todos los cuarteles rusos de la zona fueron destruidos, excepto Albazin. El plan del emperador era reunir un ejército tan grande que intimidara a los rusos y los hiciera desistir de luchar. En 1685, dio inicio al asedio de Albazin. Este pueblo fortificado se rindió fácil. El emperador qing había ordenado que se incendiaran las paredes de madera del asentamiento, y los rusos se rindieron tan pronto como comenzaron a apilar madera seca. A unos 600 defensores rusos se les permitió retirarse a Nerchinsk, pero algunos optaron por unirse al ejército qing y establecerse en un enclave ruso en Pekín. Las fuerzas qing quemaron el asentamiento de Albazin antes de partir, pero no destruyeron los cultivos a su alrededor. Al enterarse de la derrota, Moscú envió emisarios a China para negociar la paz, pero estos emisarios tardarían algún tiempo en llegar.

Al enterarse de que las fuerzas qing habían abandonado Albazin y que había cultivos en el lugar, los rusos regresaron. Reforzaron los muros con tierra y se asentaron una vez más, esperando que los chinos se fueran para siempre. Pero el ejército qing regresó y comenzó otro asedio de la aldea en julio de 1686. Los rusos resistieron, ya que habían recogido toda la cosecha y tenían suficiente comida para sobrevivir hasta la primavera, pero no tenían suficiente agua. El asedio duró hasta principios del invierno cuando, finalmente, les llegó la noticia de que llegarían emisarios desde Moscú. El emperador ordenó la detención del asedio mientras esperaba que comenzaran las negociaciones. Pero en ese momento, solo habían sobrevivido unos 66 de los 826 soldados rusos, ya que el resto había muerto debido a una enfermedad causada por la falta de agua dulce. En diciembre, solo quedaban unos veinte hombres en Albazin. El emperador Kangxi solo ordenó la retirada de sus fuerzas en 1687 cuando se enteró de que el embajador ruso había llegado a Mongolia.

En 1689 se firmó un tratado. Este fue el primer tratado entre la dinastía Qing y Rusia. Se lo llamó Tratado de Nerchinsk. Según sus términos, los rusos tenían que ceder todos los territorios al norte del río Amur, pero podían quedarse con las áreas entre el río Argun y el lago Baikal.

Los mongoles del exterior eran independientes del dominio manchú, pero rendían tributo al emperador qing. Pronto surgió un conflicto entre los mongoles de Khalkha y el Kanato de Zungaria (que estaba gobernado por los mongoles de Oirat). El kan de Galdan Boshugtu atacó a Khalkha, invadiendo el territorio desde el oeste. Luego, la familia real de Khalkha cruzó el desierto de Gobi y buscó ayuda de la dinastía Qing. El emperador Kangxi respondió, y en 1690, las fuerzas qing se enfrentaron a las fuerzas del Kanato de Zungaria en la batalla de Ulan Butung en Mongolia Interior. Las fuerzas qing salieron victoriosas, pero este no fue el final de los problemas en Mongolia. En 1696, el emperador Kangxi dirigió personalmente a los ejércitos qing en otra campaña contra el Kanato de Zungaria, en lo que se conoce como las guerras zúngaro-qing, que duraron varias décadas (1687-1757). La victoria de los qing llevó a la incorporación de las regiones de Mongolia, Tíbet, Qinghai y Sinkiang al Imperio qing. El conflicto también resultó en la erradicación de gran parte de la población de Zungaria.

Durante toda esta guerra, el emperador Kangxi trabajó para atraer más chinos han a la política del estado. En 1679, organizó un examen especial para los "Grandes confucianos del conocimiento amplio" e invitó a 188 eruditos chinos han a participar. Más de treinta personas rechazaron la invitación, pero otros cincuenta aprobaron los exámenes y recibieron cargos como funcionarios estatales.

El emperador Kangxi era un gobernante tolerante, paciente, cauteloso y pragmático que no favorecía ni a los funcionarios manchúes ni a los chinos. Intentó promover la igualdad y establecer una atmósfera de inclusión en todo su imperio. También prestó especial atención al desarrollo de instituciones administrativas eficientes a nivel local. En situaciones de crisis, el emperador Kangxi confiaba en "comisionados especiales" que elegía por su competencia. Estaba rodeado de eunucos leales, guardaespaldas y simpatizantes tanto manchúes como chinos. Estableció una institución llamada "Palace Memorial", que permitía a sus funcionarios estatales, tanto dentro de la capital como en las provincias, comunicarse con él directamente, utilizando mensajeros especiales.

También prestó especial atención a recorrer su imperio, una tradición ignorada durante las primeras etapas del gobierno Qing. Al visitar partes de su imperio, el emperador podía ver por sí mismo cómo estaba siendo gobernado, y al mostrarse frente a la población, creaba un vínculo más fuerte con el pueblo y sus funcionarios. En el período comprendido entre 1681 y 1722, se registraron unos 128 de viajes de este tipo. Algunos artistas y escritores describieron estos viajes en sus obras. Fue una oportunidad increíble para promover las culturas china y manchú y acercarlas entre sí.

Después de 1683, el gobierno del emperador Kangxi fue relativamente pacífico y productivo. Otra forma de influir sobre los chinos han leales a los Ming era presentarlos lentamente entre los funcionarios qing permitiendo que sus eruditos trabajaran sin ser oficialmente parte del sistema burocrático imperial. También ordenó que se creara un diccionario de símbolos chinos y empleó a los chinos han para trabajar en el proyecto. Involucrarlos en los logros culturales del imperio los llevó a aceptar gradualmente el gobierno qing.

El emperador Kangxi mostró gran interés por la tecnología y cultura occidentales, que ingresaron a China a través de los jesuitas. Contrató a jesuitas para trabajar como maestros, médicos y eruditos, y trabajaron en proyectos de astronomía, en el mapeo del Gran Imperio chino y como artistas en la corte qing. Uno de los jesuitas más destacados de la corte del emperador Kangxi fue Karel Slavicek, un misionero checo contratado para crear el primer mapa detallado de Pekín. También le enseñó al emperador a tocar la espineta. El emperador Kangxi fue el primer emperador chino en tocar un instrumento occidental. Slavicek trabajó en los campos de la astronomía y las matemáticas en China, pero también escribió un tratado sobre música. Desafortunadamente, este documento no sobrevivió.

El emperador Kangxi murió el 20 de diciembre de 1722. Tras su muerte, comenzó otra lucha de poder, conocida con el nombre de guerra de los nueve señores. Durante su vida, el emperador Kangxi preparó a su segundo hijo superviviente (Yinreng) para la sucesión, nombrándolo príncipe heredero. Pero el niño tenía un carácter cruel. Yinreng a menudo golpeaba y mataba a sus sirvientes y era conocido por participar en actos pedófilos. También tuvo una relación sexual con las concubinas de su padre, que, en ese momento, se consideraba incesto. En 1707, al ver la naturaleza de su hijo, el emperador Kangxi no tuvo más remedio que revocar sus títulos y ponerlo bajo arresto domiciliario. En 1709, atribuyó una enfermedad mental al comportamiento de su hijo y le devolvió sus títulos. En 1712, los partidarios de Yinreng intentaron hacerse conquistar el trono mientras el emperador realizaba su último viaje por el sur del país. El emperador había dejado los asuntos de estado a cargo de su hijo, pero al enterarse del posible golpe, se apresuró para regresar a Pekín, y volvió a poner a su hijo bajo arresto domiciliario. Luego, el emperador juró que no nombraría a ninguno de sus hijos como príncipe heredero. En cambio, colocaría el nombre de su sucesor en su testamento, que se abriría solo después de su muerte.

En su lecho de muerte, el emperador Kangxi reunió a algunos de sus hijos y declaró que sería el cuarto príncipe, Yinzhen, quien lo sucedería. Yinzhen fue coronado y comenzó su reinado como emperador Yongzheng.

Capítulo 3: Reinado de los emperadores Yongzheng y Qianlong

Retrato del emperador Yongzheng (tope) y el emperador Qianlong (del fondo)

Fuente: https://en.wikipedia.org/wiki/Yongzheng_Emperor

Existe mucha controversia en torno a la sucesión del emperador Yongzheng. Algunos de sus hermanos lo acusaron de falsificar el testamento de su padre y heredar el trono ilegalmente. Durante su gobierno, el emperador Yongzheng estaba constantemente paranoico con las intenciones de su hermano. Yinzhi, el tercer hermano mayor, había estado bajo arresto domiciliario por apoyar al expríncipe heredero Yinreng, que había muerto dos años después que su padre.

Para evitar cualquier complot en su contra, el emperador Yongzheng separó a su octavo hermano, Yinsi, de sus seguidores. Le otorgó a Yinsi los títulos más altos, equivalente a los primeros ministros de la actualidad. Yinsi se convirtió en el príncipe Lian de primer rango, ministro de la Oficina de Asuntos Feudatarios y miembro de mayor rango del consejo real. Con el fin de mantener a Yinsi alejado de sus socios políticos e impedir cualquier conspiración, el emperador los envió a realizar diferentes tareas en todo el país. Envió a algunos a realizar campañas militares, a otros los despojó de sus títulos y a otros los envió a vivir en exilio. Sin embargo, en 1724, el emperador despojó públicamente a Yinsi de todos sus títulos, acusándolo de mala gestión deliberada en una de sus misiones. Luego, condenaron a Yinsi a otro arresto domiciliario y lo obligaron a adoptar el degradante nombre de "Acina" o "Akina", que puede traducirse como "cerdo" o "pescado congelado", aunque algunos historiadores sostienen que es una transcripción china de la palabra manchú "Aqina", equivalente de "criminal".

El gobierno del emperador Yongzheng fue despótico, pero eficiente. Fue pacífico y próspero. Se dice que el emperador Yongzheng quería crear un imperio eficiente con gastos mínimos, y fue despiadado a la hora de erradicar la corrupción. Para permitir la prosperidad de las provincias, implementó exenciones de impuestos, que duraron de cinco a diez años y permitieron que las poblaciones locales se desarrollaran. Pero estas exenciones fiscales estaban condicionadas. Los gobiernos locales tuvieron que competir en la compra de tierras agrícolas. La provincia que comprara más tierras ganaría la exención de impuestos. A veces, los funcionarios locales mentían sobre las tierras agrícolas adquiridas con la esperanza de ganar, y aquí es donde podían verse claramente los esfuerzos anticorrupción del emperador.

Además, con el fin de incluir a las minorías étnicas, el emperador Yongzheng permitió que todas las etnias de China se presentaran a los exámenes de la función pública. Este acto incluyó tanto los espacios urbanos como las provincias rurales. El emperador también construyó orfanatos para el creciente número de niños sin familia. Los orfanatos no fueron financiados por los gobiernos locales ni por la propia dinastía real. Funcionaban gracias a las donaciones de personas adineradas. No servían tanto como ayuda para los ciudadanos pobres, sino como un modelo de cómo los ricos deberían actuar frente a los pobres.

El emperador Yongzheng gobernó solo 13 años antes de su muerte a los 56 años. Murió repentinamente mientras leía documentos oficiales del estado. Su repentina muerte inspiró varias leyendas. La más famosa cuenta que fue asesinado por Lu Siniang, la hija o nieta del destacado poeta chino Lu Liuliang, quien escribió contra la dinastía Qing y fue castigado. En realidad, la causa de muerte del emperador fue la ingesta de una cantidad letal de un elixir de inmortalidad, que consumió para prolongar su vida. Los elixires chinos de inmortalidad a menudo contenían grandes dosis de mercurio y arsénico. Por lo tanto, beber este elixir era peligroso.

Para evitar una disputa de sucesión, como la que tuvo que afrontar cuando heredó el trono, el emperador Yongzheng ordenó que su tercer hijo se suicidara porque apoyaba a Yinsi, su tío. El emperador escribió el nombre de su sucesor en dos papeles separados y los escondió en dos lugares diferentes. Al momento de abrir los documentos tras su muerte, si los nombres coincidieran en ambos papeles, los funcionarios sabrían que no hubo intentos de falsificación o engaños durante la lectura del testamento. Ambos papeles contenían el nombre de su cuarto hijo, Hongli.

La ascensión de Hongli al trono no fue una sorpresa. Era el hijo favorito del emperador y nieto favorito de Kangxi. Al tomar el trono, Hongli adoptó el nombre de Qianlong, que significa "Eminencia duradera". Gobernó desde 1735 hasta 1796, cuando abdicó con el fin de no gobernar más que su abuelo, el emperador Kangxi. Sin embargo, mantuvo el poder sobre el imperio como emperador retirado hasta su muerte en 1799.

El emperador Qianlong era un gran líder militar, y tuvo que poner en práctica sus habilidades al momento de tomar la corona. En 1735, estalló la rebelión Miao en el suroeste de China. La gente no estaba satisfecha con la administración local y la extorsión. El emperador Qianlong envió a un general sanguinario llamado Zhang Guangsi para calmar la rebelión. Las fuerzas qing mataron a aproximadamente 18 000 rebeldes y destruyeron alrededor de 1200 fortificaciones miao.

Durante el reinado del emperador Qianlong, el kanato de Zungaria finalmente cayó bajo el dominio chino y pasó a llamarse Xinjiang. Los budistas mongoles del kanato se rebelaron contra el gobierno qing en 1755. Sin embargo, las fuerzas qing vencieron a los rebeldes en 1758, destruyendo el último gran imperio nómada de Asia. La victoria sobre el kanato de Zungaria no fue suficiente para el emperador Qianlong, y ordenó su exterminio total. El pueblo de Zungaria dejó de existir como pueblo, aunque se dice que alrededor del veinte por ciento de ellos huyeron hacia Rusia, donde fueron asimilados a las tribus kazajas.

El emperador Qianlong no tuvo tanto éxito en la guerra con Birmania, también conocida como la guerra chino-birmana (1765-1769). Pensó que la victoria sería fácil y solo envió al ejército del estandarte verde desde la provincia de Yunnan, que estaba en la frontera con Birmania. El ejército qing no tenía suficiente gente para luchar contra los fuertes guerreros birmanos. Hubo varios intentos de penetrar más profundamente en el territorio birmano por parte de las fuerzas qing, pero solo la tercera invasión estuvo cerca de la victoria. Al final, ellos también fracasaron debido a un terreno desconocido y enfermedades tropicales que acabaron con su ejército. En 1769, la situación estaba pésima para ambas partes y finalmente llegaron a un acuerdo. Sin embargo, China siguió provocando a Birmania manteniendo fuertes fuerzas militares en sus fronteras e impidiendo el comercio durante casi dos décadas. Aun así, la guerra no se desató porque Birmania pidió una solución diplomática al problema en 1790. China consideró este acto como una rendición birmana y proclamó la victoria.

La situación en Vietnam tampoco tuvo éxito. El último líder de la dinastía Le, Le Chieu Thong, se enfrentó a una rebelión liderada por sus tres hermanos. Huyó a China y le pidió protección y ayuda al emperador Qianlong para recuperar su trono. El emperador qing estuvo de acuerdo y envió su ejército a Tang Long, capital de Vietnam. La ciudad fue conquistada en 1788, pero, en la víspera de año nuevo, las fuerzas qing sufrieron un ataque rebelde que aplastó al ejército chino y retomó la capital. El emperador Qianlong mantuvo a Le Chieu Thong y a toda su familia bajo su protección, pero la dinastía Qing no se entrometió en los asuntos vietnamitas durante los siguientes noventa años.

Aunque las fuerzas chinas tuvieron menos éxito en el sur, el emperador Qianlong casi duplicó los territorios que ocupaban sus antepasados. Conquistó muchos pueblos chinos no han, como los uigures, kazajos, kirguís, mongoles y otros. Los incluyó a todos bajo el mismo gobierno, el de la gran dinastía Qing. Todas estas expediciones militares representaron gastos dentro del tesoro real, ya que costaba caro mantener un ejército tan numeroso. Con el tiempo, esto también afectó en la cantidad de puestos militares, y el ejército qing comenzó a disminuir.

En 1765, comenzó la rebelión de Ush. El funcionario manchú Sucheng y su hijo habían violado repetidamente a varias mujeres musulmanas uygur. Durante mucho tiempo, el pueblo uygur reprimió su ira hacia los funcionarios qing. Hasta que, finalmente, se rebelaron y reunieron suficientes hombres para atacar. El emperador Qianlong ordenó la destrucción de los asentamientos uigures, y el ejército real esclavizó a sus mujeres y niños y masacró a todos sus hombres.

En tiempos de paz, cuando ya no había guerras, los generales no encontraban sentido en seguir entrenando al ejército. En cambio, adoptaron un estilo de vida lujoso. Los oficiales militares degradaron al ejército qing aún más. Esta podría ser la razón por la cual el emperador Qianlong más tarde no podría sofocar la rebelión del Loto Blanco, que comenzó al final de su gobierno y continuó durante el gobierno de su sucesor, el emperador Jiaqing.

La creación del Gran Consejo

Al comienzo de la dinastía Qing, el poder político estaba en manos de ocho príncipes y varios funcionarios manchúes, que también se desempeñaban como consejeros reales. Creado en 1637, este consejo se ocupaba de la mayoría de los problemas del Imperio qing. Incluso hubo un momento en el cual podían desautorizar al emperador y hasta destituirlo. En 1643, el emperador Shunzhi incluyó a los chinos han en el consejo. Pero con el establecimiento del Estudio del Sur y el Gran Consejo, el poder del consejo de príncipes disminuyó y dejó de existir por completo en 1717.

El Estudio del Sur fue establecido por el emperador Kangxi en 1677. Recibe ese nombre por su ubicación, en la parte suroeste del Palacio de la Pureza Celestial, donde estaba la sala de audiencias del emperador. Se eligió esta ubicación para que el emperador tenga fácil acceso a sus consejeros. El Estudio del Sur mantuvo el mayor poder político hasta que se estableció el Gran Consejo. Seguía siendo una institución importante hasta que fue abolida en 1898, pero nunca volvió a tener la función de consejo. Incluso en chino moderno, la expresión "tener acceso al Estudio del Sur" significa que alguien tiene una gran influencia, pero también significa que llegó a ser influyente a través de caminos no oficiales.

El Gran Consejo qing fue fundado en 1738 por el emperador Qianlong, quien desmanteló el Consejo Interino existente, que había sido fundado por su padre para ayudarlo a gobernar. El Gran Consejo controlaba muchos aspectos del gobierno de la dinastía Qing. No solo asesoraron al emperador en momentos de necesidad, sino que también se encargaron de redactar todos los decretos, se encargaron del transporte del emperador, y la planificación y supervisión de diversas ceremonias y celebraciones que involucraban al emperador y su familia. También asumieron muchas responsabilidades administrativas, pero mantuvieron cierto grado de libertad y no eran restringidos por las mismas leyes que se aplicaban al círculo exterior del palacio o a las provincias.

El emperador Jiaqing, hijo del emperador Qianlong, fue quien hizo los primeros cambios dentro del Gran Consejo. Limitó el número de concejales e introdujo castigos para quienes cometieran errores administrativos. En 1861, durante la regencia de las emperatrices viudas Ci'an y Cixi, el Gran Consejo ostentaba su mayor poder. Como las emperatrices no tenían experiencia en asuntos estatales, el Gran Consejo tomó la mayoría de las decisiones. Incluso emitieron un decreto que les concedía oficialmente ese poder. El Gran Consejo duró hasta 1911 cuando el príncipe-regente de la época, el príncipe Chun, lo abolió en favor de un "Gabinete Imperial".

Logros culturales

El emperador Qianlong estaba orgulloso de su herencia manchú y trabajó vigorosamente para preservarla. Veía la cultura manchú como un código moral que llevó a la dinastía Qing al poder. Incluso ordenó un libro con colecciones de códigos chamánicos, que luego se publicaría en *Siku Quanshu*, la colección más grande de libros chinos que cuenta con 10 680 títulos. El *Siku Quanshu* fue también el proyecto más grande del emperador Qianlong. Creó un equipo de élite con los mejores académicos de China y les asignó la tarea de recopilar, editar e imprimir la enorme colección sobre filosofía, cultura, historia y literatura chinas. El proyecto no solo buscaba mostrar la cultura manchú. También fue una forma de controlar a los oponentes políticos, ya que se examinaron cuidadosamente todos los libros de las bibliotecas privadas. Los libros que no se ajustaban a la estructura política actual del estado se mandaban a destruir, pero no hasta ser cuidadosamente indexados.

Se mandaron a destruir completamente alrededor de 2300 libros y otros 360 fueron censurados o destruídos en partes. El objetivo era suprimir cualquier enseñanza anti-Qing que pudiera causar una rebelión o utilizarse como propaganda contra la dinastía real. Completar el *Siku Quanshu* llevó aproximadamente diez años, durante los cuales se destruyeron o prohibieron más de 150 000 libros. Muchos libros sufrieron el proceso y algunas partes de los textos eran completamente removidas. Todos los libros publicados durante la dinastía Ming fueron quemados.

También se procesó a varios autores. Si la inquisición encontrara tan solo una oración que pudiera interpretarse como cínica hacia el gobierno de la dinastía Qing, el autor era castigado. Hay 53 casos conocidos de enjuiciamiento literario realizados por la inquisición. Los autores fueron castigados de diversas formas. Las más comunes eran la decapitación o la muerte por mil cortes, un proceso lento que constaba de realizar muchos cortes con sangrado que eventualmente mataban al prisionero, o en caso de que ya estuviera muerto, mutilaban el cuerpo.

El emperador Qianlong era un gran escritor. Era muy productivo cuando se trataba de poesía y ensayos. Entre 1749 y 1800, escribió más de 40 000 poemas y 1300 ensayos, lo que lo convierte en un autor increíblemente productivo, incluso para los estándares modernos. Sus poemas eran en su mayoría odas que glorificaban un lugar o una persona. Una tradición literaria china es la de alabar un objeto en particular. El emperador Qianlong usó esta tradición para vincular su nombre a ciertos lugares y eventos.

Además de crear arte, al emperador Qianlong también le apasionaba coleccionarlo. La dinastía Qing, como cualquier otra, sirvió como mecenas de las artes, y todos los emperadores estaban orgullosos de sus colecciones reales. Sin embargo, el emperador Qianlong llevó la práctica a otro nivel, ya que confiscó colecciones privadas de otros nobles por cualquier medio posible. También se dedicó enérgicamente el mercado del arte y contrató asesores especiales que encontraran obras de arte importantes dignas de colección. Esta colección real pasó a formar parte de la vida privada del emperador. En sus viajes, llevaba cuadros de paisajes solo para poder compararlas con los paisajes reales de los lugares que visitaba. A menudo agregaba un verso o un poema completo a cierto cuadro, y también guardaba notas privadas sobre las obras de arte que disfrutaba especialmente, casi como un diario privado.

Capítulo 4: La rebelión de Jahriyya, la rebelión del Loto Blanco y el levantamiento de los Ocho Trigramas

En 1781, la violencia callejera se hizo común entre dos ramas de un grupo de misticismo islámico, los musulmanes sufíes de Jahriyya y los musulmanes sufíes de Khafiyya. Los enfrentamientos ocurrieron en el noroeste de China, más específicamente, en las provincias de Qinghai y Gansu. Para evitar más disturbios y demandas constantes entre los musulmanes sufíes Khafiyya y Jahriyya, los funcionarios qing arrestaron a Ma Mingxin, el fundador de la orden china Jahriyya.

Agitados por el arresto de su líder, los Jahriyyans se rebelaron. A las fuerzas qing se unieron Khafiyya Sufis y la escuela Gedimu del islam, mientras que los Jahriyyans contaron con el apoyo de varios chinos han.

Ma Mingxin se mantuvo en Lanzhou, la capital de la provincia de Gansu, y los Jahriyyans decidieron asaltar la ciudad para rescatar a su líder. Con la esperanza de calmar a los rebeldes, los funcionarios chinos decidieron llevar a Ma Mingxin a las murallas de la ciudad para mostrar que estaba vivo. Al ver a su líder encadenado, los Jahriyyans sintieron aún más devoción por su líder y trataron de rescatarlo con más esfuerzo que antes. Asustados por los actos de los rebeldes, los funcionarios qing inmediatamente ejecutaron a Ma Mingxin.

Para reprimir más rebeliones, el emperador qing decidió exiliar al pueblo Jahriyya al territorio de Sinkiang, más específicamente, en las regiones del norte de Zungaria. No se les permitió reasentarse en ningún otro lugar, ni siquiera en otras regiones de Sinkiang. La viuda de Ma Mingxin y sus hijos también fueron exiliados a Zungaria después de su muerte.

Otra rebelión tuvo lugar desde 1796 hasta 1804, iniciada por el movimiento del Loto Blanco, una organización religiosa secreta. El motivo del levantamiento fue la cantidad de impuestos que debían pagar. La rebelión comenzó en las regiones montañosas ubicadas entre las provincias de Sichuan, Hubei y Shaanxi.

El Loto Blanco era un movimiento religioso que resultaba especialmente atractivo para los chinos han, ya que adoraba a Wusheng Laomu (la "Madre Venerable y Eterna"), una deidad que prometía reunir a todos sus hijos en una sola familia a principios de siglo. El Loto Blanco tenía sus raíces tanto en el budismo como en el maniqueísmo, siendo este último un movimiento religioso en el Imperio sasánida. La doctrina del Loto Blanco prohibía cualquier dieta basada en la carne, ya que favorecía el vegetarianismo. También permitió a hombres y mujeres de fe entablar relaciones libremente de cualquier tipo, lo que fue un acto impactante para la China tradicional. El Loto Blanco fue considerado una secta religiosa heterodoxa durante el gobierno mongol de China, quien prohibió el movimiento y llevó a sus miembros a la clandestinidad.

El Loto Blanco se convirtió en un símbolo de la resistencia nacional y religiosa en todo el imperio. Dieron lugar y participaron de varias pequeñas rebeliones a principios del siglo XIII. La dinastía Qing confirmó su prohibición y publicó un decreto que colocaba a cualquier sociedad religiosa secreta que no fuera aprobada por el estado en la misma posición que el Loto Blanco. Todas las reuniones con la intención de celebrar movimientos religiosos no oficiales eran ilegales y, por lo tanto, se juzgaban con todo el rigor de la ley.

La rebelión del Loto Blanco en 1796 tuvo su precursor, una pequeña rebelión en 1774 bajo el liderazgo de Wang Lun, un experto en artes marciales y curación a base de hierbas. Tenía varios miles de seguidores a quienes logró convencer de que era la reencarnación de Maitreya, un Buda enviado para preparar el camino para el nuevo emperador, y que su destino era convertirse en el emperador de China. Lideró el ataque a la ciudad de Shouzhang en la provincia occidental de Shandong el 3 de octubre de 1774. Después de saquear el tesoro y el granero, se trasladaron a atacar otra ciudad, Yangku, ya que el cuartel local se había marchado recientemente para ayudar a liberar al previamente conquistado Shouzhang. Después de capturar Yangku, las fuerzas rebeldes se movieron para atacar la estratégica ciudad de Linqing. En el camino tuvieron varios encuentros con el ejército qing, pero los rebeldes salieron victoriosos en cada ocasión. Las fuerzas de Wang Lun atacaron la ciudad de Linqing durante varios días hasta finalmente ser derrotados por el ejército qing. Se dice que Wang Lun decidió suicidarse prendiéndose fuego pues no quería ser capturado con vida. Su cuerpo fue reconocido solo por su espada y brazaletes. Wang Lun probablemente fracasó al no poder ganarse la confianza de sus seguidores. Al considerarse el próximo emperador, no prometió impuestos más bajos ni distribuyó la riqueza o los alimentos capturados. Se guardó todo para sí mismo y exigió obediencia ciega a sus seguidores. A menudo, obligaba a los civiles a unirse a su ejército amenazando a sus familias.

La posterior rebelión del Loto Blanco en 1796 fue mucho mayor. El Loto Blanco se unió a la gente empobrecida de la región en su levantamiento contra los altos impuestos. La rebelión creció rápidamente en número, pero también se extendió a las regiones circundantes y se convirtió en una gran amenaza para el gobierno qing.

El emperador Qianlong envió a dos generales, Helin y Fuk'anggan, para reprimir la rebelión, pero ambos fueron ineficientes y hasta las fuerzas rebeldes desorganizadas lograron derrotarlos. Ambos murieron en batalla en 1796. La lucha continuó, y solo en 1800 los funcionarios chinos qing implementaron nuevas tácticas. Se organizaron milicias locales para ayudar al ejército qing a rodear y derrotar a los rebeldes del Loto Blanco. Durante el gobierno del emperador Qianlong, se había aprobado una ley que establecía que los ejércitos de los Ocho Estandartes no podían librar batallas internas y rebeliones. Por lo tanto, el gobierno chino tuvo que depender únicamente del ejército del Estandarte Verde de China han.

Las fuerzas del Loto Blanco utilizaron tácticas de guerrilla y los generales qing a menudo se quejaban de que no podían identificar a los rebeldes en medio de la población local. Como los rebeldes no llevaban marcas distintivas, toda la población sufrió ataques del ejército qing. Las fuerzas qing ganaron un nuevo apodo, la "sociedad del Loto Rojo", debido a la brutalidad que usaban contra la gente.

La rebelión se sofocó finalmente en 1805 cuando el emperador qing envió a 7000 hombres del ejército, que ayudaron al ejército del Estandarte Verde y a la milicia local a perseguir y erradicar las fuerzas rebeldes. Se ofreció perdón a cualquier desertor del Loto Blanco con la esperanza de debilitar sus filas. Los administradores qing continuaron persiguiendo a los miembros del Loto Blanco incluso después de finalizada la rebelión. También destruyeron todos los manuscritos y elementos que estuvieran relacionados con la ideología del Loto Blanco.

En 1812, los líderes de la secta de los Ocho Trigramas, que era una rama del Loto Blanco, declararon 1813 como el año de la rebelión. Querían derrocar a la dinastía Qing, alegando que Li Wencheng, uno de sus líderes, era el verdadero sucesor Ming. Otro líder de la misma secta, Lin Qing, se autoproclamó la reencarnación de Maitreya. Los seguidores de la secta de los Ocho Trigramas creían que Lin sería quien eliminara al emperador qing, ya que, según su creencia, el emperador había perdido el Mandato del Cielo. El tercer líder de la rebelión fue Feng Keshan, un legendario artista marcial que tenía poco o ningún interés en la religión. Los tres líderes se conocieron en 1811 con la aparición de un cometa. Lo tomaron como un signo del final de la dinastía Qing, aunque Pekín lo consideró como un signo de su largo gobierno y prosperidad.

En 1812, los líderes del movimiento comenzaron a reclutar a sus seguidores para construir un ejército y recolectaron donaciones de la gente. Prometieron rangos y otras recompensas a las personas que donaron dinero o alimentos a su causa. Sin embargo, el fuerte aumento en el precio del trigo, que a menudo fue provocado por inundaciones y sequías, fue lo que verdaderamente inspiró a la gente a unirse a la rebelión. Los líderes eligieron el 15 de septiembre para el inicio de su rebelión, ya que la cosecha acababa de terminar e incitaría a más personas a unirse a sus filas. La otra razón era que el emperador Jiaqing estaría fuera de Pekín en una cacería, dejando a Pekín con un mínimo de guardias. El plan era tomar Pekín y asesinar al emperador cuando regresara al palacio.

Sin embargo, los rumores de la rebelión llegaron a Pekín y Li Wencheng fue arrestado el 2 de septiembre de 1813. Lo torturaron durante todo su encarcelamiento, pero antes de ser ejecutado, logró escapar gracias a sus seguidores, quienes irrumpieron en la prisión. Este evento aceleró la rebelión planeada, que en realidad comenzó el 6 de septiembre. Las fuerzas rebeldes se apresuraron a tomar las ciudades de Huaxian, Caoxian y Dingtao en las provincias de Zhili y Shandong.

El ataque a la Ciudad Prohibida fue un éxito desigual. Aunque unos ochenta rebeldes lograron entrar por las puertas antes de que se cerraran, no fue suficiente para ganar la pelea. Lin Qing estaba a cargo del asalto a Pekín, pero no luchó realmente en la batalla. Su plan era esconder a los rebeldes en las tiendas alrededor de las murallas de la Ciudad Prohibida y esperar al mediodía a que los guardias de la puerta salieran a comer. Los rebeldes usaban cintas en la cabeza y cinturones blancos para distinguirse de los ciudadanos comunes. El príncipe Mianning, que más tarde se convertiría en el emperador Daoguang en 1820, se unió a la lucha dentro de los muros de la Ciudad Prohibida y su presencia elevó la moral de las fuerzas qing, que aplastaron con éxito la rebelión.

Los rebeldes huyeron del campo de batalla y fueron perseguidos por los propios príncipes, así como por algunos eunucos del palacio real y oficiales de la brigada de la Guardia Imperial. Durante varios meses más, los rebeldes lograron mantener algunas de las ciudades bajo asedio, pero finalmente, las fuerzas qing detuvieron la rebelión por completo el 14 de enero de 1814.

Li Wencheng se retiró a la ciudad de Huixian con unos 4000 seguidores. Finalmente, se suicidó al ver la ciudad atacada por las fuerzas qing. Su esposa, Li Zhangshi, continuó resistiendo el ataque y mantuvo la ciudad cerrada hasta el año siguiente. Cuando el ejército qing rompió las murallas de la ciudad, se ahorcó.

Capítulo 5: La primera guerra del Opio

Batalla entre las fuerzas chinas y británicas durante la primera guerra del Opio

https://en.wikipedia.org/wiki/First_Opium_War

En 1820, China tenía la economía más grande del mundo. Pero al final de las guerras del Opio, su producto bruto interno (PBI) se redujo a la mitad, dificultando que el gobierno se recupere de este desastre económico hasta mucho después de la Segunda Guerra

Mundial. Las guerras del Opio se libraron a mediados del siglo XIX entre China y el Imperio británico, que había impuesto el comercio de opio en China. El gobierno británico propuso varios tratados a China que solo estaban destinados a debilitar el poder de la dinastía gobernante qing, lo que también debilitó la soberanía de China sobre sus territorios.

El opio era conocido y utilizado en China desde el siglo VII, pero solo como remedio medicinal. Pocas veces se usó para uso recreativo, ya que era muy caro. El opio fue introducido en Asia por comerciantes árabes. La primera prohibición significativa del opio ocurrió durante la dinastía Qing en 1729 cuando se etiquetó al madak como ilegal. El Madak era opio en polvo mezclado con tabaco para fumar. Los principales envíos de opio llegaron a China desde Java, pero después de las guerras napoleónicas, Java se convirtió en un territorio británico, y ahora tenía el monopolio de la importación de opio a China.

Gran Bretaña era un importante importador de productos chinos, como seda, té y porcelana. Durante los siglos XVIII y XIX, la demanda de productos chinos aumentó significativamente y el comercio con Gran Bretaña se convirtió en una de las principales fuentes para llenar el tesoro chino de plata. Para reducir el déficit comercial causado por los fabricantes chinos, Gran Bretaña decidió intercambiar opio con China. Con este fin, aumentó la producción de opio dentro de las colonias británicas. En 1781, cuando la Compañía de las Indias Orientales confirmó su control sobre la India, Gran Bretaña aumentó sus exportaciones de opio indio a China.

Gran Bretaña heredó la industria del opio del fallido Imperio mogol, que tenía el monopolio del comercio de opio dentro del país. Sin embargo, el gobierno británico veía al opio solo como un producto para la exportación. Producido en Bengala y las plantaciones de la llanura indogangética, el opio se abrió camino tanto dentro como fuera de la India. La Compañía de las Indias Orientales nunca cultivó ni vendió opio de manera directa. En cambio, se les ocurrió un conjunto de leyes que permitían que el opio viajara a través de los puertos de su propiedad, recaudando así los impuestos. Pero esa no fue la única forma en que la compañía obtuvo ganancias a través del opio. Una de las leyes decía que todo el opio crudo debía venderse a la empresa a un precio fijo. Luego se refinaba el opio comprado y la empresa lo vendía en subastas especiales que organizaban.

Al principio, la dinastía Qing toleró la importación de opio por parte de los británicos. Después de todo, le pagaban la plata que tanto necesitaban. Esa misma plata también se usaría más tarde para comprar té chino para el mercado británico, lo que significa que la plata se quedaría en el país. El monopolio del té también permitió a la administración china imponer aún más impuestos a sus propios súbditos para llenar el tesoro real más rápido.

Sin embargo, no pasó mucho tiempo hasta que el uso de opio comenzó a crecer sin control en mano de los ciudadanos chinos. El opio afectó a todas las clases sociales del país, ricos y pobres, soldados y oficiales. Desde Canton Harbour, el uso de opio comenzó a extenderse hacia el oeste y el norte del país, lo que llevó al emperador qing a emitir un decreto contra el uso de esta droga en 1780. Pero la adicción pasó factura a los ciudadanos y el gobierno tuvo que implementar una prohibición total del opio en 1796. En 1799, el gobernador de Cantón ordenó detener por completo el comercio. Para eludir esta prohibición del comercio de opio, los comerciantes convirtieron algunos de sus barcos más grandes en depósitos flotantes, anclados frente a las costas de China. Los traficantes de opio chinos compraban las mercancías en estos almacenes-barcos y las transportaban a China en sus barcos más pequeños y rápidos. El establecimiento de este sistema de contrabando permitió a los comerciantes extranjeros continuar comerciando legalmente con China mientras se beneficiaban del opio ilegal.

Cuando los comerciantes estadounidenses se unieron al contrabando de opio, la competencia que plantearon a la empresa británica hizo bajar los precios. Los precios más bajos llevaron a un mayor uso de opio y la adicción se extendió una vez más por todo el país. La demanda de opio creció increíblemente rápido y, pronto, los comerciantes chinos buscaron más proveedores. Justo cuando el Imperio qing tuvo que lidiar con la rebelión del Loto Blanco, los ingresos de plata se detuvieron. El tesoro real comenzó a perder dinero, ya que los comerciantes chinos pagaban el opio en plata. La demanda de opio era tal que China no pudo vender suficientes productos propios para mantener las ganancias y para que la plata permaneciera en el país.

Los funcionarios qing pensaban en cómo detener el comercio de opio, pero el principal obstáculo eran los funcionarios chinos corruptos que se beneficiaron de la venta de narcóticos. Incluso permitieron que algunos de los comerciantes europeos ganaran influencia en Cantón, y navegaban por la escena política de la ciudad, abriendo más formas de contrabando de opio en China.

Solo se produjo un cambio significativo en 1834 cuando la Compañía de las Indias Orientales perdió su monopolio en Gran Bretaña y se llevó a cabo una reforma para el libre comercio. El comercio con China se abrió entonces a los empresarios privados, que se sumaron al contrabando de opio. Lord William John Napier fue enviado a China como superintendente del comercio británico y tenía órdenes de obedecer estrictamente las leyes y tradiciones chinas. Sin embargo, tan pronto como llegó a Cantón, envió un mensaje al virrey, independientemente de la ley que prohibía el contacto directo con funcionarios chinos. El virrey de Cantón se indignó por este acto y emitió un decreto que detuvo temporalmente todo comercio con Gran Bretaña. Para mostrar su poder, Napier les ordenó a los barcos de la Marina Real británica que bombardearan las fortificaciones a orillas del río Pearl. La guerra total solo se evitó debido a la enfermedad de Napier en ese momento, pero los funcionarios chinos ordenaron a todos los comerciantes británicos que regresaran a Macao y abandonaran Cantón para siempre.

En 1838, los funcionarios chinos finalmente comenzaron a perseguir y condenar a muerte a los traficantes de opio. Al año siguiente, el emperador Daoguang encargó a un erudito, Lin Zexu, la erradicación del comercio de opio con China. Lin escribió una carta directa a la reina Victoria preguntando por qué Gran Bretaña animaba a sus comerciantes a comerciar con una droga en el extranjero y, al mismo tiempo, prohibía la misma droga en su propio país. Se desconoce si la carta llegó a la reina, pero Lin nunca recibió una respuesta. Su siguiente paso fue cerrar el canal del río Pearl y atrapar a los comerciantes extranjeros en Cantón sin los medios para transportar sus mercancías más adentro en China. Se apoderó y destruyó todo el opio en Cantón, así como de todos los barcos extranjeros cerca de las costas chinas.

El nuevo superintendente de comercio británico, Charles Elliot, ordenó a todos los barcos británicos que transportaban opio que huyeran y se prepararan para la próxima batalla. Para evitar que otros comerciantes extranjeros hicieran algo similar, Lin atacó el distrito extranjero de Cantón y los atrapó a todos, lo que les impidió comunicarse con sus barcos. Lin prohibió oficialmente el comercio de opio y prohibió, bajo amenaza de muerte, a los comerciantes extranjeros y funcionarios chinos importar opio en China. Sin embargo, eso no detuvo el florecimiento del mercado negro. En lugar de llevar opio a Cantón, los comerciantes descargaban su cargamento en la isla Lintin, donde los contrabandistas los recogían y los llevaban a China continental.

Debido a un incidente en 1839, donde un grupo de marineros británicos golpeó a un aldeano japonés, Lin Zexu emitió un decreto que impedía la venta de alimentos a los británicos. Luego se difundió el rumor de que los funcionarios chinos habían envenenado el agua destinada a reabastecer a los barcos extranjeros. Además, un comerciante de opio británico fue atacado por piratas, aunque se rumoreaba que en realidad había sido atacado por soldados chinos. El 24 de agosto, Elliot ordenó a todos los barcos británicos que abandonaran las costas de China. Más de 60 barcos británicos y 2000 hombres estaban estacionados en aguas fuera del control de China. Sin comida ni agua, se vieron obligados a comerciar con los aldeanos locales cerca de la ciudad de Kowloon. Sin embargo, los funcionarios chinos en Kowloon prohibieron a su gente vender productos a los británicos. Esta acción hizo que Elliot se preparara para un ataque.

Los barcos británicos abrieron fuego contra los barcos chinos. Los chinos devolvieron el ataque desde sus propios barcos y desde la costa. Solo el anochecer puso fin a la batalla. Sin embargo, con la ayuda de algunos funcionarios chinos corruptos, los británicos lograron comprar algunas provisiones. El comandante del ejército en Kowloon declaró victoria al enviar informes al gobierno, en los que subestimó enormemente el poder de la Marina Real británica.

En octubre de 1839, se reportó una pelea entre los barcos británicos en aguas chinas. Algunos comerciantes que no comerciaban con opio querían firmar un bono ofrecido por Lin Zexu, que servía como promesa de que no comerciarían ni traficarían drogas. Elliot no lo aprobó y, para evitar que estos comerciantes entraran en Cantón, abrió fuego contra el *Royal Saxon*, uno de los barcos mercantes británicos. Los funcionarios chinos enviaron ayuda para salvar al *Royal Saxon* y allí comenzó la batalla. El resultado de la batalla fue la destrucción de cuatro juncos de guerra chinos (un tipo de velero chino), y luego la retirada de las flotas británica y china. El 14 de enero de 1840, el emperador Daoguang ordenó a todos los comerciantes extranjeros que dejaran de suministrar barcos británicos.

Mientras los funcionarios chinos pensaban que finalmente habían expulsado a Gran Bretaña de sus tierras, el Parlamento británico se preparaba para la guerra. Ordenaron a la Compañía británica de las Indias Orientales que movilizara todas las fuerzas militares disponibles de India a China. Para reunir un ejército aún mayor, Gran Bretaña reclutó hombres de todas las islas británicas, así como de las colonias británicas. El punto de encuentro de todas las fuerzas británicas fue Singapur, y comenzaron a llegar en junio de 1840.

El almirante Guan Tianpei estaba a cargo de las fuerzas navales chinas. Tenía la experiencia de haber luchado contra los soldados británicos en la primera batalla de Chuenpi. El ejército costero estaba bajo el mando del general Yang Fang, pero el emperador Daoguang y su corte tenían el mando definitivo sobre todas las fuerzas chinas. En el lado británico, el comodoro James Gordon Bremer estaba a cargo de los Marines Reales, y el general de división Hugh Gough estaba a cargo de las fuerzas terrestres. El mando general de las fuerzas procedía de Londres, donde el secretario de Relaciones Exteriores, Lord Palmerston, dictaba todas las acciones a realizar con respecto a China.

La guerra comenzó en junio de 1840 cuando Gran Bretaña dio el ultimátum al emperador qing para compensarlo por interrumpir su comercio y la destrucción del opio. Cuando las autoridades chinas se negaron, los soldados británicos lanzaron un ataque contra el archipiélago de Chusan. El objetivo principal del ataque era la isla Zhoushan, donde los británicos planeaban iniciar su propio centro comercial en la costa china y deshacerse de la dependencia de Cantón. Después de un intenso bombardeo desde el mar, los británicos capturaron la ciudad y el puerto de Dinghai.

Las fuerzas británicas dividieron su ejército, y mientras una flota luchaba alrededor del río Pearl, la segunda flota fue enviada al Mar Amarillo. En 1841, se planeó un ataque directo a Cantón. Acababan de llegar refuerzos de la India. Sin embargo, Macao fue el primer objetivo, y las fuerzas qing fueron derrotadas fácilmente, ya que no tenían contraataque para el *Némesis*, buque de guerra de hierro impulsado a vapor. Los juncos chinos eran viejos barcos de vela desarrollados durante la dinastía Song (siglos X-XIII). Los ciudadanos de Macao dieron su apoyo a Gran Bretaña y expulsaron a algunos de los funcionarios qing de la ciudad. Con esta victoria, Gran Bretaña finalmente tuvo acceso a un puerto en funcionamiento en el sur de

China. Los comandantes británicos acordaron que tomar el control de Cantón y el río Pearl los colocaría en una posición sólida para continuar las negociaciones con el emperador Daoguang.

Ante la sospecha de que las fuerzas británicas llevarían el río Pearl hacia Cantón, el almirante qing Guan Tianpei aseguró su posición en el Humen, un estrecho en el delta del río Pearl. Reforzó el cuartel con 3000 soldados y 306 cañones. La flota británica atacó Chuenpi una vez más y obtuvo una victoria decisiva, capturando el fuerte de Humen y obligando a la armada china a retirarse río arriba.

El 21 de enero, Charles Elliot y el nuevo comisionado imperial chino Qishan redactaron la Convención de Chuenpi con la esperanza de prevenir más conflictos. El documento permitía iguales derechos diplomáticos para ambas partes. Aseguró el intercambio de la isla de Hong Kong y permitió a los prisioneros británicos regresar ilesos a sus hogares. La convención también estableció que Cantón debía estar abierto al comercio en febrero de 1841 y que China debe pagar una compensación a Gran Bretaña por el opio destruido en 1838. Sin embargo, la situación del opio como droga ilegal en China no se modificó, lo que deja un problema a resolver más adelante. Qishan fue arrestado por firmar esta convención sin el permiso del emperador, pero el gobierno británico también se negó a firmar el documento. Elliot fue retirado de su puesto y se reanudó la batalla entre las fuerzas británicas y chinas.

El 26 de febrero, las fuerzas británicas capturaron las fortificaciones restantes en Bogue y trasladaron su flota más cerca de Cantón, pero la ciudad fue defendida por el general Yang Fang y 30 000 hombres. Las balsas poco profundas de los barcos británicos les permitieron acercarse a Canton por un costado, lo que se consideraba imposible para los chinos, ya que el agua tenía solo seis pies de profundidad.

Los británicos atacaron Cantón el 18 de marzo. La ciudad fue asaltada y se pidió una tregua el 20 de marzo. Elliot retiró la marina británica y ordenó a los buques de guerra que se retiraran al Humen.

En abril, el primo del emperador y nuevo virrey Yishan llegó a Cantón. Tenía órdenes de expulsar a los británicos de China por completo y retomar la isla de Hong Kong. Yishan comenzó a reforzar la ciudad y a reunir un ejército a su alrededor. Estos preparativos sembraron dudas sobre las buenas intenciones de las autoridades qing y los civiles comenzaron a salir de Cantón. El 21 de mayo, China lanzó su primer ataque contra el ejército británico. El ejército qing usó solo barcos de pesca armados con llave de mechas para luchar contra la Marina Real británica. El mayor general Gough sospechaba que los qing planeaban un ataque y enviaron refuerzos a Canton en lugar de mantener su flota en Whampoa como estaba planeado. Estos refuerzos llegaron a Cantón el 25 de mayo y comenzaron a bombardear la ciudad. Los soldados qing entraron en pánico y el ejército se dispersó en retirada. Para el 30 de mayo de 1841, los británicos tenían el control total de Cantón.

Henry Pottinger fue enviado a China para reemplazar a Charles Elliot como superintendente. Para el 30 de mayo de 1841, los británicos tenían el control total de Cantón. El 25 de agosto, la flota británica llegó a Amoy, pero la ciudad ya tenía defensa. Se llevó a cabo un ataque británico combinado (naval y terrestre) sobre la ciudad y lograron capturarla en dos días. Sin embargo, tan pronto como la Royal Navy se retiró para planificar nuevas acciones, las fuerzas qing regresaron a Amoy y proclamaron la victoria.

El general de división Gough intentó avanzar hacia el interior de China e inició la campaña del río Yangtze. En mayo, los barcos de la Marina Real navegaron río arriba y capturaron las barcazas fiscales del emperador, lo que resultó ser un golpe devastador para Pekín. En junio, los británicos capturaron las ciudades de Wusong y Baoshan, avanzando hacia el interior de China. El 19 de junio de 1842, ocuparon las afueras de Shanghái. Para el 14 de julio, las fuerzas británicas estaban en movimiento nuevamente, navegando por el río Yangtzé y planeando capturar la importante ciudad de Zhejiang. La ciudad quedó destruida. El ejército chino salió de la ciudad y comenzó lo que se conoce como la batalla de Chinkiang. Los soldados británicos contrarrestaron este ataque y entraron en la ciudad. Muchas familias chinas se suicidaron para evitar ser encarceladas por los británicos.

Al llegar al distrito de Jiangning el 9 de agosto, los británicos pidieron entablar negociaciones y los funcionarios de la ciudad estuvieron de acuerdo, aunque no tenían el permiso de Pekín para iniciar las conversaciones de paz. Los británicos insistieron en que el tratado fuera firmado por el propio emperador, pero como no pudieron cumplir, la administración local china intentó prolongar las negociaciones el mayor tiempo posible. Finalmente, el 21 de agosto, llegó la noticia de que el emperador Daoguang estaba autorizando a los diplomáticos chinos a firmar el tratado.

La primera guerra del Opio terminó oficialmente cuando los diplomáticos británicos y chinos firmaron el Tratado de Nankín el 29 de agosto de 1842. El tratado abolió el monopolio comercial que tenía Cantón. Se abrieron otros cuatro puertos para el comercio exterior en China, y China tuvo que pagar 21 millones de dólares de plata en cuotas como reparaciones de guerra durante los próximos tres años. El emperador qing también acordó entregar Hong Kong a Gran Bretaña para colonizarlo, con Pottinger como su primer gobernador.

Capítulo 6: La segunda guerra del Opio

El Tratado de Nankín no cumplió con los requisitos comerciales británicos y tampoco logró mejorar las relaciones diplomáticas entre los dos países. En 1850, al ver cómo Francia y Estados Unidos abrían renegociaciones del Tratado de Huangpu y el Tratado de Wangxia con China, Gran Bretaña exigió que las autoridades chinas renegociaran el Tratado de Nankín. Los tratados que Francia y América tenían con la dinastía Qing tenían una cláusula que permitía renegociar después de doce años. El Tratado de Nankín no tenía tal cláusula, pero Gran Bretaña hizo un llamamiento a su estatus de "nación más favorecida". El estatus de nación más favorecida les permitió exigir iguales ventajas comerciales al igual que Francia y Estados Unidos. Los británicos exigieron que China abriera todos sus territorios al comercio con los comerciantes británicos, la legalización del comercio del opio, el fin de la piratería, la admisión de un embajador británico en Pekín y que el idioma inglés sea el idioma principal de todos los tratados futuros.

En octubre de 1856, un barco con el nombre de *Arrow* fue incautado por las autoridades chinas en Cantón bajo sospecha de piratería. El *Arrow* solía ser un barco pirata, pero fue capturado y revendido a Gran Bretaña con formularios de registro vencidos. Enfurecido por el arresto de la tripulación del *Arrow*, el cónsul británico Harry Parkes ordenó un ataque a Canton. El ataque comenzó el 23 de octubre y el ejército británico destruyó cuatro fuertes. Poco después, los británicos exigieron que se les permitiera ingresar a la ciudad, y cuando los chinos se negaron, comenzaron a bombardear la ciudad cada diez minutos. El comisionado imperial y virrey de Liangguang Ye Mingchen ofreció una recompensa por cada cabeza británica. El 29 de octubre, se rompieron las murallas del Cantón y el ejército británico entró en la ciudad. El intercambio de ataques continuó, con breves pausas debido a intentos de negociación. El 5 de enero de 1857, los británicos regresaron a Hong Kong, ya que el Parlamento había decidido que sus acciones durante el incidente de *Arrow* eran ilegales.

Gran Bretaña pidió a Estados Unidos y Rusia que se unieran a sus ataques contra China, pero se negaron. Sin embargo, Francia se unió debido a la indignación por haber ejecutado a uno de sus misioneros, el padre Auguste Chapdelaine, quien cruzó el territorio prohibido de la provincia de Guangxi.

Cantón fue nuevamente capturado por los británicos el 1 de enero de 1858. El retraso en la lucha fue causado por la rebelión india en 1857. Insatisfecha con la situación de *Arrow*, la armada británica atacó. Primero, capturaron un fuerte cerca de Canton, sin encontrar casi ninguna resistencia. La ciudad cayó, y el virrey Ye Mingchen fue arrestado y exiliado a Calcuta, donde hizo una huelga de hambre hasta su muerte.

En mayo de 1858, la coalición franco-británica se movió para capturar los fuertes de Taku, ubicados cerca de la actual Tianjin. Lo mantuvieron solo por un corto tiempo porque pronto se firmó un tratado de paz, poniendo fin a la primera fase de la segunda guerra del Opio. Aunque EE. UU. fue oficialmente neutral durante la segunda guerra del Opio, los ejércitos francés y británico contaron con la ayuda del USS *San Jacinto*, una fragata de la Armada de EE.

UU. que les ayudó a tomar los Fuertes de Taku. El Tratado de Tianjin se firmó en junio de 1858 con Gran Bretaña, Francia, Rusia y Estados Unidos como partes signatarias. Al principio, el emperador chino se negó a ratificar el tratado, pero finalmente aceptó y abrió once puertos más al comercio exterior. Este tratado permitió a Gran Bretaña, Francia, Rusia y EE. UU. abrir embajadas en Pekín (Pekín), que en ese momento era una ciudad cerrada. El río Yangtze también se abriría para todos los barcos extranjeros, y se permitiría a los extranjeros viajar en el interior de China. Finalmente, China pagaría otra indemnización de guerra de seis millones de dólares de plata a Gran Bretaña y Francia. Pero el emperador Xianfeng, que asumió el trono en 1850, decidió negar el acceso de los extranjeros al interior de China y ordenó a su general mongol, Sengge Rinchen, que bloqueara el camino hacia el río Hai protegiendo los Fuertes de Taku.

En junio de 1859, un enviado británico escoltaba al nuevo personal británico y francés a las embajadas en Pekín cuando se les negó el paso más allá de los Fuertes de Taku. Entonces tuvo lugar la segunda batalla por los fuertes, y Gran Bretaña envió 2200 soldados en 21 barcos para ayudar con el conflicto. El mando fue entregado al almirante Sir James Hope, quien navegó de Shanghái a Tianjin. Sengge Rinchen quería dejar pasar al enviado con los funcionarios de la embajada, pero tenían que continuar sin ninguna escolta militar. Los británicos se negaron a obedecer y atacaron los Fuertes de Taku volando todos los obstáculos que bloqueaban su camino. Sengge Rinchen ordenó disparar contra los barcos británicos y hundió cuatro cañoneros y dañó otros dos. La Marina de los Estados Unidos planeaba mantener su neutralidad, pero el comodoro estadounidense Josiah Tattnall decidió apoyar a la armada británica. Proporcionó una defensa para la retirada británica. La victoria de China en Taku sirvió de inspiración para resistir contra los extranjeros.

En el verano de 1860, tuvo lugar la tercera batalla de los Fuertes de Taku. Las tropas británicas que atacaron el fuerte contaron con 11 000 hombres, y fueron encabezadas por el teniente general James

Hope. Una vez más, Francia les ayudó enviando 6700 soldados bajo el mando del teniente general Charles Cousin-Montauban. En total, tenían 173 barcos. Entre sus filas, los británicos tenían partidarios chinos del sur, que estaban ansiosos por librarse de la dinastía Qing y ayudar a los extranjeros. Las fuerzas de la coalición capturaron las ciudades de Yantai y Dalian, cerrando así el golfo de Bohai. Decidieron desembarcar cerca de Beitang, que estaba a unos 3 kilómetros de los Fuertes de Taku. Finalmente, capturaron los fuertes el 21 de agosto, tras tres semanas de ataque.

Tianjin fue capturado tres días después, y el ejército anglo-francés inició su marcha hacia Pekín. El emperador Xianfeng consideró la paz y envió a sus diplomáticos a negociar, pero el diplomático británico Harry Parkes insultó al emisario del emperador. Además, comenzó a extenderse el rumor de que el prefecto de Tianjin había sido secuestrado por los británicos. Entonces, en lugar de entablar conversaciones de paz, Harry Parkes fue arrestado, torturado e interrogado. La mitad de sus hombres fueron ejecutados, mientras que la otra mitad tuvo que sufrir torturas mediante "mil cortes". Los cuerpos irreconocibles fueron devueltos a la dirección británica, que, por supuesto, se enfureció con el asunto.

El 18 de septiembre de 1860, el ejército combinado anglo-francés lanzó un ataque a gran escala contra las tropas chinas. La batalla tuvo lugar en Zhangjiawan, una ciudad al este del distrito Tongzhou de Pekín. La caballería británica superó a los mongoles, mientras que la infantería francesa se encargó de las tropas chinas. La artillería combinada anglo-francesa proporcionó cobertura e infligió pérdidas masivas al ejército chino.

El ejército anglo-francés continuó marchando hacia Pekín, pero fue detenido por Sengge Rinchen, quien dirigió la infantería qing y la caballería mongol. Los ejércitos se enfrentaron el 20 de septiembre frente a un canal que conecta Pekín con el río Peiho. La batalla tuvo lugar en las cercanías del puente Palikao y es conocida con el nombre de batalla de Palikao. Las tropas qing se encontraron atrapadas por el canal y no pudieron retirarse, y los chinos sufrieron pérdidas masivas. Varios ataques frontales del ejército anglo-francés destruyeron por completo a la infantería dirigida por Sengge Rinchen, así como a su caballería mongol.

La batalla de Palikao

https://en.wikipedia.org/wiki/Second_Opium_War#/media/File:La_bataille_de_Palikiao.jpg

El emperador Xianfeng puso a su hermano, el príncipe Gong, a cargo de las negociaciones que se centraban en los prisioneros. Los británicos exigieron la liberación de todos los prisioneros, pero China no pudo aceptar estos términos. Esto provocó a las autoridades de Gran Bretaña y ordenaron un ataque contra Pekín. El ataque a las murallas de la ciudad comenzó el 11 de octubre. El ejército anglo-francés estaba listo para entrar en la ciudad y luchar, pero a las 11:30 de la misma tarde se abrieron las puertas y la ciudad se rindió. El emperador Xianfeng había huído de la capital. Primero fue al Palacio de Verano de Chengde y luego a la provincia de Rehe. Gran Bretaña consideró destruir la totalidad de la Ciudad Prohibida, pero se contentaron con quemar solo el Palacio de Verano (Yiheyuan) y el Antiguo Palacio de Verano (Yuanmingyuan). Todos los prisioneros británicos fueron liberados, pero algunos de ellos quedaron completamente irreconocibles debido a las torturas infligidas.

También se recuperaron los cuerpos de los prisioneros que no sobrevivieron.

El Tratado de Tianjin, que se había firmado en 1858, fue finalmente ratificado por el hermano del emperador, el príncipe Gong, en la Convención de Pekín, que tuvo lugar el 18 de octubre de 1860. La ratificación de este tratado concluyó la segunda guerra del Opio.

Los británicos, franceses y rusos recibieron permiso para establecer una presencia diplomática permanente en Pekín. Los chinos también acordaron pagar todas las indemnizaciones de guerra previamente establecidas por el tratado. Gran Bretaña recibió la península de Kowloon, ubicada a un lado de Hong Kong. Además, los misioneros cristianos obtuvieron derechos civiles plenos, gracias a los cuales ahora podían poseer propiedades en China y difundir libremente su religión. El tratado también legalizó el comercio de opio.

El primer ministro británico William Ewart Gladstone condenó más tarde las guerras del Opio y denunció la violencia británica contra China. Gladstone declaró las guerras del Opio injustas y vergonzosas, ya que la moralidad de Gran Bretaña estaba en duda por imponer un libre comercio de narcóticos en un país mientras lo mantenían ilegal en el suyo. Su hostilidad hacia el comercio del opio se originó en el hecho de que su propia hermana era adicta al opio.

Capítulo 7: La rebelión de Taiping

Área bajo el control del Reino Celestial Taiping en color rojo
https://en.wikipedia.org/wiki/Taiping_Rebellion

Entre 1850 y 1864, China fue destrozada no solo por las guerras del Opio contra el Imperio británico, sino también por una lucha interna conocida como la Rebelión de Taiping, o la guerra civil de Taiping. La lucha comenzó entre la dinastía Qing y el Reino Celestial Taiping.

China sufrió mucho después de la primera guerra del Opio. También sufrió desastres naturales y problemas económicos debido a una grave falta de plata, lo que provocó un aumento del nivel de pobreza nacional. La población de China se duplicó durante este período de tiempo, pero la cantidad de tierra agrícola se mantuvo igual. La hambruna era generalizada y el corrupto gobierno manchú no hizo nada para resolverla. Las provincias del sur de China, habitadas por el pueblo chino hakka, fueron una de las voces más fuertes contra los manchúes.

El Reino Celestial Taiping fue fundado por un hombre carismático hakka que venía de una aldea pobre del sur. Se llamó a sí mismo Hong Xiuquan y afirmaba que había soñado con un hombre de cabello dorado que lo trataba como su hermano menor. Consideró este sueño como una visión mística mientras estuvo postrado en cama por un ataque de nervios durante varios días. Bajo la influencia del cristianismo, reconoció al hombre de su sueño como Jesús y se sintió obligado a difundir el cristianismo. En 1847, Hong se convirtió en líder de una sociedad secreta con muchos seguidores y aprendices. Era aprendiz de un misionero bautista estadounidense, Issachar Jacox Roberts, que se negó a bautizar a Hong, ya que vio que la intención de Hong era politizar la religión. Combinando el cristianismo con el taoísmo, el confucianismo y el milenarismo, pero reivindicando el renacimiento de la antigua fe china Shang Di, Hong fundó el cristianismo Taiping.

Feng Yunshan fue uno de los primeros seguidores de Hong Xiuquan. Era maestro de aldea en una aldea del condado de Hua. También era de ascendencia hakka y, junto con Hong, predicó la versión Taiping del cristianismo. En lo profundo de las montañas Thistle, Feng organizó a un grupo de seguidores en una sociedad bajo el nombre de "Sociedad de los Adoradores de Dios". Feng se convirtió en el estratega y administrador de la rebelión, y Hong Xiuquan le otorgó el título de "Rey del sur".

El cristianismo de Taiping tenía otros dos líderes prominentes que afirmaban tener derecho a hablar con Dios y con Jesús. Yang Xiuqing afirmó que era sordo y mudo antes de ser introducido en la Sociedad de Adoración de Dios y que recuperó su capacidad para escuchar y hablar en una de las reuniones de esta sociedad. También afirmó que podía entrar en un trance donde podía hablar directamente con Dios. Hong y Feng investigaron las afirmaciones de Yang Xiuqing y las declararon genuinas. Participó en la rebelión de Taiping desde el principio y ascendió rápidamente en las filas de los rebeldes. El mismo Hong lo ascendió a comandante del ejército rebelde, aunque no tenía experiencia militar, y se le otorgó el título de "Rey del este".

Xiao Chaogui era un granjero de Wuxuan conocido por su fuerza y valor. Se convirtió en el líder de su región y afirmó que podía hablar directamente con Jesús. También estaba casado con Yang Yunijao, quien afirmó que había visitado el cielo durante su enfermedad, y donde comunicaron que llegaría un nuevo instructor religioso. Reconoció a Hong Xiuquan como el instructor. Xiao Chaogui recibió el título de "Rey del oeste" y se convirtió en uno de los principales comandantes del ejército de Taiping.

Esta secta creció en poder y nunca fue reconocida como religión oficial en China. Como otras sociedades secretas, fue perseguida por las autoridades qing. Los seguidores del cristianismo Taiping lucharon contra la piratería y los bandidos, protegiendo sus hogares. Pero tuvieron que actuar como una fuerza guerrillera debido a la constante persecución que enfrentaban. Este ejército guerrillero eventualmente se convirtió en una rebelión masiva.

El 11 de enero de 1851, en su cumpleaños, Hong Xiuquan proclamó que él era el "Rey celestial", comenzando así una nueva dinastía conocida como el Reino Celestial Taiping. Su misión era derrocar a la dinastía gobernante qing, ya que habían perdido el

Mandato del Cielo, o eso afirmó Hong. El primer levantamiento que marcó el inicio de la Rebelión Taiping recibió su nombre de la base rebelde en Jintian, ubicada en la provincia de Guangxi. Los rebeldes eran reconocibles por deshacer sus colas manchúes. También se cambiaron de ropa y se ataron un paño rojo alrededor de la cabeza.

Los ejércitos Taiping comenzaron a marchar hacia Dahuangjiangkou, donde se prepararon para un ataque. Las fuerzas qing, bajo el mando del general Xiang Rong, contaban con unos 3000 hombres cuando intentaron atacar a los rebeldes. Pronto se le unió el ejército imperial, que estaba dirigido por el general Li Nengchen, y atacaron Dahuangjiangkou simultáneamente desde el este y el oeste. Sin embargo, los ejércitos imperiales se encontraron en medio de un campo de minas establecido por los rebeldes y se vieron obligados a cambiar de táctica. Durante la noche, las fuerzas rebeldes escaparon y se retiraron hacia el condado de Wuxuan en la provincia de Guangxi. Fueron seguidas por el ejército imperial, y los dos se enfrentaron poco tiempo después cerca de Sanli Dyke. La breve batalla acabó en un punto muerto. Xiang Rong reunió un ejército de 6000 hombres para atacar a los rebeldes, pero lograron hacerlos retroceder. En la batalla de Du'ao Ridge, los rebeldes obtuvieron la victoria al derrotar al ejército imperial, pero no pudieron avanzar hacia el norte, ya que Xiang Rong y sus tropas estaban bloqueando el camino. En cambio, los rebeldes comenzaron a reclutar personas de las aldeas cercanas. Continuaron creciendo en número y lograron conseguir una gran cantidad de suministros, ya que tenían el apoyo de la mayoría de los plebeyos.

Finalmente, las fuerzas rebeldes derrotaron al ejército imperial en la provincia de Guangxi y llegaron a la provincia vecina de Hunan. Sin embargo, el avance retrasado de las fuerzas Taiping dio al ejército qing la oportunidad de reforzar la ciudad de Changsha, capital de la provincia de Hunan, que era el objetivo de los rebeldes. El primer intento de los rebeldes Taiping les costó más de 10 000 hombres que perdieron en una emboscada cerca del río Xiang.

Los rebeldes decidieron entonces reclutar mineros locales y ordenarles que construyeran túneles de asedio, lo que les ayudaría a romper las murallas de la ciudad. Mientras se cavaban los túneles, los rebeldes tomaron el control de las áreas circundantes de Changsha. Para elevar la moral de sus ejércitos, Xiao Chaogui se puso las túnicas reales con la intención de luchar con ellas. También levantó una enorme bandera, pero los artilleros qing lo distinguieron fácilmente y lo hirieron con una bala de cañón. En septiembre de 1852, Xiao Chaogui, el rey occidental, falleció por sus heridas. Hong Xiuquan canceló el ataque por la muerte de su amigo y comandante. Las fuerzas Taiping dejaron Changsha y continuaron hacia el norte, directo a Wuchang.

Las fuerzas Taiping se movieron lentamente hacia Wuchang, ya que tuvieron que realizar maniobras engañosas para perder la persecución del ejército imperial qing. Destruyeron los puentes que iban encontrando, abandonaron sus botes y reanudaron el camino a pie. Continuarían andando en bote tan pronto llegaran a una aldea o pueblo en la orilla del río. También utilizaron puentes flotantes para cruzar el río y contrataron a barqueros para controlar regularmente el avance de las tropas qing. En diciembre de 1852, los rebeldes llegaron al lago Dongting y ocuparon la ciudad de Yueyang. En lugar de atacar directamente a Wuchang, los comandantes del ejército rebelde decidieron tomar primero las indefensas ciudades comerciales de Hanyang y Hankou. Las fuerzas Taiping construyeron dos puentes flotantes uniendo barcos sobre el río Yangtze para conectar estas ciudades, con Wuchang en su parte norte, donde la defensa era más débil.

El gobernador de la provincia de Hubei, que residía en la capital de Wuchang, ordenó que todas las casas fuera de las murallas de la ciudad fueran destruidas para que los artilleros tuvieran un camino despejado hacia el fuego. Además, prometió que todos los ciudadanos de Wuchang recibirían una recompensa por las cabezas Taiping. Veinte de plata por una cabeza con cabello largo, ya que eso representaría a un veterano rebelde, y diez de plata por los rebeldes de pelo corto porque eso significaría reclutas más nuevos. Sin embargo, los ciudadanos estaban enojados por la destrucción de sus hogares y mostraron simpatía por los rebeldes Taiping. La ciudad fue atacada durante veinte días. Las fuerzas qing dentro de la ciudad bloquearon las puertas con la tierra y los escombros de las casas destruidas, y crearon puestos de escucha a lo largo de las murallas de la ciudad para señalar los túneles que abrieran una brecha en la ciudad. Sin embargo, sus medidas resultaron ineficaces, ya que Wuchang cayó el 12 de enero de 1853.

Después de tomar el control de Wuchang, los rebeldes de Taiping decidieron no marchar directamente a Pekín, ya que habían escuchado rumores de un gran ejército qing en el norte. En cambio, optaron por ir hacia el este a lo largo del río Yangtze y apoderarse de Nankín, donde establecerían una base para nuevas acciones en el norte de China.

Sin embargo, Wuchang fue recapturada por las fuerzas imperiales en 1854. Pronto volvería a perderse. El ejército qing recuperaba el control de la ciudad nuevamente el 19 de diciembre de 1856, esta vez de forma permanente.

Las fuerzas Taiping capturaron Nankín (Nankín) el 19 de marzo de 1853. Hong Xiuquan la declaró capital del Reino Celestial, cambiando su nombre a Tianjing (Capital Celestial). Los manchúes eran enemigos de los taiping y los rebeldes los consideraban demonios. Todos los hombres manchúes fueron masacrados dentro de la ciudad, mientras que las mujeres fueron forzadas a salir de las murallas de la ciudad para ser quemadas vivas. Los rebeldes destruyeron la mayoría de los edificios imperiales construidos durante las dinastías Qing y Ming. Uno de los edificios destruidos fue la Torre de Porcelana de Nankín, una pagoda real construida en el siglo XV. Esta torre fue señalada por muchos exploradores europeos como una de las Siete Maravillas del mundo. Sin embargo, poco después de conquistar Nankín, los comandantes Taiping lanzaron dos nuevas expediciones militares, una en el norte y otra en el oeste. La campaña del norte fue un completo fracaso, pero la occidental tuvo algo de éxito, ya que ganó algunos territorios para los rebeldes.

Hong Xiuquan decidió comenzar a gobernar solo a través de proclamas escritas y, por lo tanto, modeló sus políticas y administración basándose en los emperadores anteriores de China. Vivía en el lujo, complaciéndose con las mujeres que vivían en sus aposentos interiores. Decepcionado por las políticas poco prácticas de Hong, Yang Xiuqing desafió las órdenes de su líder. Hong Xiuquan comenzó a sospechar de los motivos de Yang y de su vasta red de espías. Poco después, Hong dio órdenes a Wei Changhui y Qin Rigang, los líderes militares en los que más confiaba, de matar a Yang y a todos sus seguidores. Wei y Qin obedecieron, pero su objetivo final era deshacerse de Hong Xiuquan. Hong se enteró de sus planes e inmediatamente emitió el arresto y ejecución de ambos comandantes. Estos eventos se conocen como el incidente de Tianjing de 1856.

Los líderes restantes del ejército Taiping intentaron persuadir a los europeos para que se unieran a su lucha contra la dinastía Qing. Los europeos se declararon neutrales, aunque algunos asesores militares trabajaban abiertamente para el emperador qing. Las fuerzas Taiping comenzaron a perder popularidad entre los ciudadanos chinos, que se sintieron repelidos por su hostilidad hacia las costumbres chinas y el confucianismo. Las clases medias y altas de la sociedad china comenzaron a ponerse del lado de la dinastía Qing.

En la provincia de Hunan, Zeng Guofan levantó y organizó el ejército de Xiang. Zeng fue un estadista, erudito y general militar que reunió milicias regionales y locales para luchar contra los rebeldes taiping. Su ejército estaba financiado por nobles locales y miembros de la alta sociedad, que se oponían al ejército imperial dirigido por los manchúes, y que se financiaba directamente con el tesoro real. El ejército de Xiang recuperó por primera vez Changsha, la capital de la provincia de Hunan. Poco después, logró recuperar Wuchang y

Hanyang. Por estas victorias, se le otorgó el título de vicepresidente de la Junta de Guerra. El liderazgo qing comenzó a usar el ejército de Zeng en lugar de sus propias tropas, al ver el éxito que tenía este nuevo ejército. En septiembre de 1858, el ejército de Xiang obtuvo el control de toda la provincia de Jiangxi.

Las fuerzas de Taiping derrotaron al ejército imperial que asediaba Nankín en 1860 y comenzaron su movimiento para expandir las fronteras del Reino Celestial. En marzo del mismo año, los rebeldes tomaron Hangzhou. En mayo, cayó Changzhou y en junio Suzhou.

En junio de 1861, bajo el mando de Lai Wenguang, las fuerzas de Taiping ocuparon Shanghái y lograron mantenerla durante cinco meses antes de abandonarla. Tuvieron que retirarse de la ciudad debido a la constante amenaza de las fuerzas qing. Pero en marzo de 1862, el líder de Taiping, Li Xiucheng, había reunido un ejército de más de 600 000 hombres. Shanghái era una ciudad importante, ya que estaba aislada, era fácil de defender y tenía un puerto internacional. Sería el próximo objetivo.

Los primeros en atacar fueron las fuerzas Taiping, que estaban al mando de Li Rongfa, quien dirigió la invasión con 20 000 hombres el 1 de marzo de 1862. Ocuparon todo un distrito de la ciudad, defendido solo por el ejército del Estandarte Verde. Su comandante, Huang Yisheng, pidió ayuda a los británicos y franceses, pero estos querían mantenerse neutrales. En cambio, la ayuda vino del comandante mercenario estadounidense Frederick Townsend Ward y sus tropas.

Como mercenario, Ward fue empleado por las autoridades imperiales para organizar el Cuerpo de Armas Extranjeras de Shanghái. Al reclutar occidentales, solemnes o no, Ward no pudo organizar un ejército que estuviera dispuesto a luchar junto a los chinos. Su ejército fue derrotado en la batalla de Chingpu en 1861, pero la batalla formó el núcleo de lo que más tarde se conocería como el "Ejército Siempre Victorioso". En el verano de 1861, se estableció un campo de entrenamiento para Ward. Allí entrenó a los chinos en artillería, tácticas, ejercicios, costumbres y ceremonias de los ejércitos occidentales y chinos. Los soldados chinos entrenados por Ward pudieron responder a las órdenes occidentales tanto verbales como no verbales. Llevaban uniformes de estilo occidental, por los que a menudo se burlaban de ellos. Más tarde, cuando el Ejército Siempre Victorioso ganó prestigio, esos uniformes se convirtieron en un símbolo de orgullo. Estas tropas fueron financiadas tanto por el gobierno como por los fondos privados de los nobles. Era importante pagar bien a estas tropas como compensación por no saquear. Ward prohibió estrictamente los saqueos para mantener a los lugareños de su lado.

El ejército de Ward logró victorias en cada encuentro que tuvo con las fuerzas de Taiping. De hecho, fueron tan eficientes en sus esfuerzos que, en marzo de 1862, el gobierno qing los nombró oficialmente Ejército Siempre Victorioso, y así es como todavía se conocen en la historia. El mismo Ward fue nombrado mandarín de cuarto rango y luego de tercer rango, título más alto que tenía la administración manchú para los extranjeros o "bárbaros".

El 10 de abril de 1862, Ward llevó a su ejército a reconquistar Shanghái. Luchando codo a codo con las tropas del Estandarte Verde, los distritos de Shanghái cayeron uno a uno. El 1 de mayo, las fuerzas de Taiping al mando de Li Rongfa se rindieron frente al Ejército Siempre Victorioso en el distrito de Nanhui de Shanghái. El gobierno qing tenía control total sobre los distritos del este y sur de Shanghái. Rongfa tuvo que retirarse a Pudong con su ejército. Sin embargo, las batallas por los distritos continuaron durante todo mayo hasta que no hubo más fuerzas Taiping en un radio de treinta millas alrededor de Shanghái.

En septiembre de 1862, el ejército de Taiping intentó recuperar Shanghái una vez más. Enviaron 80 000 hombres bajo el mando de Tan Shaoguang, pero fueron derrotados por los defensores qing. Los comandantes de Taiping ordenaron otro ataque poco después, esta vez enviando a 70 000 hombres que se movieron muy rápido y lograron sorprender lo suficiente a los defensores para acercarse a la ciudad. Sin embargo, la flota qing atacó a las fuerzas Taiping desde el río y logró ganar algo de terreno. El apoyo vino del Ejército Siempre Victorioso, y los rebeldes finalmente se vieron obligados a retirarse. El ejército de Taiping intentó atravesar las defensas de Shanghái cuatro veces más hasta que Hong Xiuquan finalmente canceló todos los ataques, poniendo fin al conflicto por la ciudad.

Después de liberar Shanghái, Frederick Townsend Ward dirigió su ejército hacia el norte de la provincia de Zhejiang. Junto con otras tropas británicas y francesas, ayudó a liberar la ciudad de Cixi de las fuerzas rebeldes de Taiping. Aquí, Ward resultó mortalmente herido tras recibir una bala en el abdomen. Sobrevivió solo un día, pero antes se aseguró de escribir un testamento en el que su esposa china y su hermano y hermana estarían resguardados. El mando del Ejército Siempre Victorioso pasó al general de división Charles George Gordon, quien continuó la serie de victorias. Por sus hazañas contra los rebeldes Taiping, recibió honores tanto del emperador Tongzhi, que tomó el trono en 1861, como del gobierno británico. La gente le puso el apodo de "Gordon de China".

Para ese momento, Shi Dakai, poeta y líder de la rebelión Taiping, había estado operando durante más de seis años en la provincia de Sichuan. También se lo conocía como Wing King, "Señor de los Cinco Mil Años", y a menudo se lo menciona en mitos y leyendas debido a sus habilidades marciales y sentido de la justicia. En diciembre de 1862, trató de llevar a sus tropas a través del río Jinsha, pero estaba constantemente bajo un intenso ataque de las fuerzas qing y tuvo que retirarse. Además, el río subió drásticamente, y no fue fácil cruzarlo. Después de varios intentos, con sus tropas quedándose sin raciones y el ejército imperial qing acercándose a ellos, Shi Dakai decidió hacer un trato. Negoció con el oficial qing. Si él se entregaba, salvaría la vida de sus hombres. Shi Dakai fue arrestado y ejecutado por mil cortes. De los 6000 hombres que lo acompañaban, 4000 fueron liberados de acuerdo con lo prometido.

El ejército qing se reorganizó y cedió el mando a Zeng Guofan, Zuo Zongtang y Li Hongzhang. Todos eran estadistas y generales militares, y algunos de ellos luego se convirtieron en diplomáticos. Comenzaron la reconquista de todos los territorios tomados por los rebeldes de Taiping, y en 1864 lograron retomar casi todos.

En 1860, Zeng Guofan se convirtió en virrey de Liangjiang y aprovechó la oportunidad que le brindaba este título para retomar Nankín. En 1863, toda el área alrededor de la ciudad fue liberada después de una serie de batallas. La tercera batalla de Nankín comenzó el 14 de marzo de 1864, cuando Zeng Guoquan, el hermano menor de Zeng Guofan, atacó la ciudad escalando las murallas con escaleras. Los defensores lograron vencer a las fuerzas qing, quienes debieron cambiar sus tácticas. Comenzaron a cavar túneles en las puertas de Nankín, pero los defensores cavaron sus propios túneles para contrarrestarlos y construyeron un segundo muro para asegurar la ciudad. El 3 de julio, las fuerzas qing lograron apoderarse de las Montañas Púrpura y el castillo Dibao. Esta ubicación estratégica proporcionó varias docenas de posiciones de artillería, y así comenzó el bombardeo de Nankín. Dos semanas después, el 19 de julio, la muralla de la ciudad se derrumbó por los explosivos de los túneles que habían construido bajo las entradas a Taiping. Los atacantes se precipitaron al interior de la ciudad en cuatro frentes.

El frente central estaba dirigido por el general imperial Li Chendian. Su tarea era liderar el ataque hacia el palacio, donde solía residir Hong Xiuquan. El frente derecho estaba encabezado por el general imperial Liu Lianjie. La tarea de su tropa era avanzar hacia la puerta de Shence, donde se encontrarían con la fuerza que ingresaba a la ciudad por escaleras. Su tarea juntos era liderar el ataque a la Montaña del León y tomar la entrada de Yifeng. La izquierda central, que estaba dirigida por el general imperial Peng Yuju, tenía la tarea de atacar la entrada Tongji. Y finalmente, el frente izquierdo, bajo el mando del general imperial Xiao Fusi, atacó las entradas de Chaoyang y Hongwu.

Los rebeldes se defendieron con una lucha feroz, pero no fueron rival para 60 000 soldados imperiales. Esperaban repeler a los atacantes más allá de las puertas de la ciudad, pero su moral estaba en su punto más bajo después de presenciar la caída de la entrada Chaoyang. Al anochecer, todas las entradas de Nankín estaban en manos de las fuerzas imperiales de Qing. Sin embargo, Li Xiucheng logró escapar de la ciudad con el hijo de Hong Xiuquan, y juntos huyeron hacia la montaña Qingliang. Zeng Guoquan envió una unidad de caballería para perseguirlos, y Li fue separado del hijo de Hong. Li fue capturado el 22 de julio de 1864, pero no fue ejecutado hasta agosto. Muchos líderes y generales taiping fueron ejecutados después de la caída de Nankín. Solo Lai Wenguang logró escapar con sus 3000 hombres.

Hong Xiuquan murió durante el ataque de Nankín. La ciudad tenía poca comida debido al ataque, y ordenó a sus súbditos que comieran plantas silvestres y hierbas medicinales. Hong recogió algunas malas hierbas de los jardines del palacio y se las comió. Como resultado, enfermó en abril y murió el 1 de junio de 1864. Es posible que Hong enfermara al comer algunas plantas venenosas, pero algunos historiadores sugieren que se suicidó por envenenamiento. Fue enterrado según las costumbres de Taiping, cerca del Palacio Imperial Ming en Nankín. Su sucesor fue Hong Tianguifu, su hijo adolescente. Después de la caída de Nankín, las fuerzas qing exhumaron el cuerpo de Hong Xiuquan, le cortaron la cabeza y quemaron los restos. Como castigo eterno por su rebelión, las cenizas de Hong Xiuquan fueron expulsadas de un cañón para asegurarse de que nunca tuviera un lugar de descanso adecuado.

Capítulo 8: Autofortalecimiento de China

Después de la segunda guerra del Opio, en el momento de la rebelión de Taiping, se organizó el Movimiento de Autofortalecimiento en China. La idea del movimiento era utilizar la tecnología occidental disponible en Asia para preservar los valores confucianos del imperio. Es por eso que este movimiento también se conoce como el Movimiento de Asuntos Occidentales u Occidentalización. El movimiento trabajó con reformas institucionales que duraron desde 1861 hasta 1895.

El término "autofortalecimiento" no es nada nuevo en la cultura china. De hecho, proviene directamente del *I Ching* (*Libro de los cambios*), un texto de adivinación, donde está escrito: "El hombre superior se hace fuerte solo". Esta frase fue utilizada antes por otras dinastías y emperadores, cada uno dándole su propia interpretación. Por ejemplo, el emperador Qianlong escribió que el autofortalecimiento era necesario para repeler a los extranjeros.

Los historiadores actualmente están dividiendo el movimiento en tres fases. Durante la primera fase, que duró desde 1861 hasta 1872, se estableció una oficina diplomática y un colegio para trabajar en la adopción de tecnologías occidentales, conocimientos científicos y técnicas de formación. Los periódicos occidentales se estaban traduciendo al chino para obtener conocimientos sobre occidente. Más tarde, esta práctica se extendió a los libros occidentales.

La Escuela de Aprendizaje Combinado, o Tongwen Guan, se estableció en 1862 en Pekín. Al principio, ofrecía solo clases en inglés, y tenía diez estudiantes y un maestro, un misionero británico llamado John S. Burdon. En 1866, se agregaron la astronomía y las matemáticas. En 1877, la escuela incorporó francés, alemán, ruso y japonés, así como química, fabricación de máquinas, astronomía, matemáticas, medicina, derecho internacional y geografía. Para entonces, la escuela tenía más de cien estudiantes. Se abrieron escuelas de idiomas similares en Shanghái (1862), Guangzhou (1863) y Fuzhou (1866).

En abril de 1861, se fundó el Servicio de Aduanas Marítimas Imperial, con un diplomático británico Horatio Nelson Lay como inspector general. La tarea de la oficina era recaudar aranceles y generar nuevos ingresos a partir de la importación de bienes extranjeros. Después de la rebelión de Taiping, los funcionarios chinos habían perdido su autoridad sobre los occidentales, y la oficina de aduanas tuvo que emplear a un extranjero en esta posición de alto rango. El Servicio de Aduanas Marítimas Imperial surgió del sistema de la Inspección de Aduanas previamente establecido, fundado en 1854. La oficina no aportó nada nuevo, pero sí institucionalizó el sistema anterior. Los aranceles aduaneros cobrados a través del Servicio de Aduanas Marítimas Imperial pagaron las indemnizaciones de guerra de 1860 que se adeudaban al Imperio británico y a Francia. La oficina también proporcionó los medios para financiar la apertura de Tongwen Guan y otras escuelas, el astillero de Fuzhou Navy Yard y la misión educativa a Estados Unidos. El Servicio de Aduanas también construyó faros y modernizó la navegación marítima china. Sir Robert Hart se convirtió en el nuevo inspector general del Servicio de Aduanas en 1863. Trató de involucrarse con el Movimiento de Autofortalecimiento de China y se ofreció a reorganizar y modernizar la flota imperial de China y abrir una oficina de correos china, pero la dinastía Qing no estaba lista para permitir que los extranjeros se involucraran en el autofortalecimiento de su nación.

La modernización militar fue el aspecto más importante del Movimiento de Autofortalecimiento. China necesitaba construir arsenales militares y fortalecer su armada construyendo astilleros. Zeng Guofan y Yung Wing fueron los que establecieron el arsenal de Shanghái. Yung Wing fue el primer estudiante chino educado en América (Yale en 1854). Los arsenales de Nankín y Tianjin fueron construidos por Li Hongzhang. Además, el astillero de Fuzhou, donde se construyeron barcos para la armada china, fue fundado por Zuo Zongtang. Algunos de los occidentales participaron en los proyectos de construcción reales, pero solo como asesores o ayuda administrativa.

El gobierno chino fue el principal patrocinador de la industrialización militar, y eso significó que su progreso a menudo se vio frustrado por una burocracia ineficiente. El gobierno también consideró que estos proyectos de construcción eran demasiado costosos. El Arsenal de Jiangnan construyó armas, más específicamente, rifles tipo Remington. Sin embargo, la producción fue tan lenta que, entre 1871 y 1873, solo produjeron 4200 rifles. Eran inferiores a los rifles Remington importados y más costosos porque la producción era muy lenta. El programa de construcción naval no fue mejor. Se basó en materiales importados y experiencia extranjera, que resultó ser más caro que simplemente comprar barcos británicos. Los funcionarios chinos confiaban tanto en la experiencia extranjera que incluso contrataban a personas que ni siquiera estaban calificadas. Solo por ser extranjeros, se confiaba en que tuvieran suficientes conocimientos. La corrupción dominaba las obras de construcción, desde los arsenales hasta los astilleros. Surgieron muchas oportunidades de corrupción con la adquisición de materiales, contratos de construcción y distribución de salarios.

Otro aspecto del autofortalecimiento militar fue la completa reorganización del ejército. El ejército del Estandarte Verde se redujo a solo una fracción de lo que solía ser. Los que quedaron estaban armados y equipados al estilo occidental y también fueron entrenados en tácticas occidentales. En 1862, la corte qing eligió a 30 000 hombres de los Ocho banderas para que fueran entrenados especialmente en el estilo militar occidental. Este ejército recibió el nombre de Peking Field Force.

El primer período de autofortalecimiento terminó con disturbios en Tianjin en 1870 y varios extranjeros murieron. Las relaciones entre China y las potencias occidentales se volvieron algo tensas, pero de todos modos se inició la segunda fase del autofortalecimiento. Li Hongzhang se convirtió en el líder de las nuevas reformas. Se destaca por iniciar y apoyar más del noventa por ciento de los proyectos para la modernización de China.

La segunda fase de autofortalecimiento se caracteriza por brindar especial atención al comercio, la industria y la agricultura. El objetivo principal era generar riqueza para el país, fortaleciéndolo económicamente. China comenzó a desarrollar el transporte marítimo, los ferrocarriles, el sector minero y la telegrafía, todas industrias con fines de lucro supervisadas por el gobierno. Nuevamente, la supervisión gubernamental resultó en un aumento de la corrupción y el nepotismo, lo que ralentizó el progreso. Dado que no había competencia de los propietarios privados, la industria impidió el desarrollo económico.

Li Hongzhang buscó activamente brindar aún más asistencia gubernamental a los empresarios chinos que competían con empresas extranjeras. Por ejemplo, la empresa de navegación a vapor China Merchants fue extremadamente eficaz y obtuvo el control de todos los servicios de envío. Entre 1872 y 1877, la empresa creció y tuvo que expandirse de 4 a 29 barcos a vapor. Esto se dio al quitar toda la gestión y el capital en manos del gobierno y entregarlos a los compradores. Las minas de carbón y hierro, así como las fábricas textiles, implementaron planes similares y comenzaron a prosperar.

En 1874, bajo la iniciativa de Li Hongzhang, las escuelas en Pekín, Fuzhou Navy Yard y Kiangnan Arsenal comenzaron a enseñar matemáticas occidentales, creyendo que eran el núcleo del éxito occidental en tecnología. La educación militar también se convirtió en una parte importante del sistema escolar de China. En 1872, China lanzó una misión educativa a los Estados Unidos. El objetivo principal era inscribir a cadetes chinos en una academia militar estadounidense, pero en 1881, la academia se negó a aceptar estudiantes chinos. En 1875, los cadetes del astillero militar de Fuzhou comenzaron a matricularse en escuelas británicas y francesas. A su regreso, los estudiantes participaron en la fundación de la Flota Beiyang, la flota modernizada más grande de China en ese momento. Li Hongzhang señaló la importancia del entrenamiento militar y el gobierno comenzó a enviar oficiales chinos a Alemania para recibir más entrenamiento. Debido a sus esfuerzos, se abrió una academia naval en Tianjin en 1880. Pero no fueron solo las escuelas militares extranjeras las que atrajeron a los estudiantes chinos. El gobierno chino también envió a sus funcionarios al extranjero para aprender ciencia moderna y ponerse al día con el mundo occidental.

La tercera fase del Movimiento de Autofortalecimiento tuvo lugar entre 1885 y 1895. Durante esta fase, se fundó la Junta de la Marina como un esfuerzo por modernizar aún más el ejército. Pero en esta etapa, el entusiasmo por el autofortalecimiento comenzó a disminuir. El lado conservador tuvo una gran influencia en la corte, y el príncipe Gong, que era miembro del Gran Consejo en ese momento, se vio abrumado y lo derrocaron. No obstante, las industrias de algodón y textiles se ganaron el favoritismo de la corte imperial, que invirtió mucho en su desarrollo.

El gobierno comenzó a invertir no solo en la marina, sino también en el ejército. Se enviaron oficiales a Alemania, Gran Bretaña, Francia y Japón para estudiar, lo que les permitiría convertirse en los próximos líderes militares del ejército chino. En 1885, Li Hongzhang abrió la Academia Militar de Tianjin con la ayuda de Alemania. Esta academia ofrecía entrenamiento militar, prospección de perforaciones, fortificación, matemáticas y ciencias impartidas en el idioma alemán. El programa duraba dos años.

En 1898, el emperador Guangxu y sus seguidores iniciaron la reforma de los Cien Días. A partir del 22 de septiembre, planearon promulgar reformas culturales, políticas, educativas y nacionales. Sin embargo, debido a los opositores conservadores, las reformas fracasaron después de 103 días. Estas reformas se produjeron después de que China libró una guerra con Japón en 1894 y 1895, que acabó en una derrota china. Este fue un duro golpe para China, que consideró a Japón como inferior por su tamaño y porque era un estado tributario. Con el fin de encubrir su vergüenza y evitar que tales pérdidas vuelvan a ocurrir, se llevaron a cabo una serie de reformas. Para seguir los estándares occidentales, China tuvo que modernizar su gobierno y sociedad, no solo el ejército y las industrias. Japón ya había adoptado un gobierno de estilo occidental al establecer un parlamento.

Se suponía que las reformas del emperador Guangxu debían:

- Poner fin al antiguo sistema de exámenes.
- Cerrar todas las sinecuras.
- Impartir clases de artes liberales occidentales y artes clásicas chinas en la Universidad de Pekín.
- Abrir escuelas en todas las provincias y ciudades, con énfasis en las escuelas agrícolas.
- Modernizar el sistema educativo.
- Imponer el capitalismo para desarrollar la economía.
- Establecer una monarquía constitucional.
- Modernizar aún más el ejército.
- Abrir más academias navales.

- Convertir las tierras militares no utilizadas en granjas.

- Industrializar la fabricación y el comercio.

- Abrir escuelas de comercio para productos chinos, como té, seda y artesanías tradicionales.

- Abrir una oficina para las industrias de minería y transporte.

Sin embargo, desconfiados por las conspiraciones extranjeras, los conservadores, encabezados por la emperatriz viuda Cixi, regente en el trono, y el príncipe Duan, se opusieron firmemente a estas reformas. Los partidarios del emperador conspiraron para sacar a la emperatriz viuda Cixi del poder, pero sus planes fueron revelados. Esto condujo a un golpe que puso fin a la reforma de los Cien Días.

Capítulo 9: Emperatriz viuda Cixi

Una fotografía de la emperatriz viuda Cixi
https://en.wikipedia.org/wiki/Empress_Dowager_Cixi

La emperatriz viuda Cixi fue una emperatriz y regente china que tuvo la mayor parte del poder durante los reinados de los emperadores Tongzhi y Guangxu. Nació en Pekín en 1835 de un duque de tercera clase llamado Huizheng y Lady Fuca. Cuando era adolescente, fue presentada en la corte entre otros sesenta candidatos para ser la consorte del emperador Xianfeng. Cixi fue elegida para quedarse y se le dio el sexto rango de consortes como "Noble Lady Lan". En 1854, ascendió al quinto nivel de consortes y fue nombrada "Concubina Yi". Al año siguiente, cuando quedó embarazada, fue ascendida a "Consorte Yi". Dio a luz a un hijo, el futuro emperador Tongzhi, y cuando este cumplió un año, fue elevada a la categoría de "Noble Consorte Yi", y sólo la Emperatriz Niohuru fue su superior.

Se sabía que Cixi tenía educación y sabía leer y escribir chino. También ayudó al emperador Xianfeng en sus asuntos estatales diarios, ya que leía para el emperador cuando estaba enfermo y, a menudo, tomaba notas para él. Este acto le dio la oportunidad de aprender sobre cómo gobernar el Imperio chino y se mantuvo bien informada sobre los asuntos estatales.

El emperador Xianfeng murió en 1861, pero antes de su muerte, nombró a ocho de sus ministros para ser regentes de su hijo de cinco años. También convocó a la emperatriz Niohuru y a la noble consorte Yi (Cixi), y les ordenó que cooperaran en la educación del futuro emperador. Se cree que las dos mujeres fueron convocadas por el emperador moribundo para darles sellos reales que mantendrían a los ministros regentes bajo control. Pero estos sellos eran informales, y podría ser que solo fueran regalos para los seres queridos del emperador. Una vez que el emperador murió, la emperatriz Niohuru se convirtió en "Emperatriz viuda Ci'an" y la noble consorte Yi fue elevada al estado de "Emperatriz viuda Cixi". También se les conocía como la emperatriz viuda del este y la emperatriz viuda del oeste, respectivamente.

Debido a que era la emperatriz viuda de menor rango, no tenía ningún poder político real. Inmediatamente después de la muerte del emperador Xianfeng, ella comenzó a conspirar para tomar algo de poder para sí misma. Su hijo, aunque era emperador, no tenía influencia sobre los asuntos estatales porque era demasiado joven. Cixi se acercó a algunos de los funcionarios de la corte, incluida la emperatriz viuda Ci'an. Las dos se hicieron amigas tan pronto como Cixi llegó a la corte real como consorte. Ahora, conspiraron juntas para obtener un poder que sería mayor que el de los ocho regentes.

Los ocho regentes no apreciaron su intromisión en la política. La confrontación entre las dos partes se volvió tan intensa que la emperatriz viuda Ci'an comenzó a ausentarse en las audiencias de la corte. Dejó toda la política en manos de Cixi. Cixi comenzó a ganar el apoyo de varios ministros y funcionarios de la corte e incluso obtuvo el apoyo de los príncipes Gong y Chun, tíos del emperador Tongzhi y brillantes estadistas. Con ese apoyo, la emperatriz viuda Cixi se convirtió en la gobernante de facto y prestó atención a la política detrás de las cortinas.

Poco después, en noviembre de 1861, los ocho regentes fueron destituidos bajo acusaciones de negociaciones incompetentes con las potencias occidentales que llevaron a la huida del emperador Xianfeng a la provincia de Rehe al final de la segunda guerra del Opio. Para mostrar su gran voluntad y misericordia, la emperatriz viuda Cixi ejecutó solo a tres de los ocho regentes, aunque algunas fuentes afirman que los ocho se vieron obligados a suicidarse. El líder de los ocho regentes, Sushun, fue decapitado mientras que los otros dos recibieron cuerdas de seda blanca para que se ahorcaran. Se negó a ejecutar a las familias de los ministros regentes, rompiendo el protocolo imperial.

Además, en noviembre, la emperatriz viuda Cixi recompensó al príncipe Gong por su ayuda. Se convirtió en príncipe regente y su hija recibió el rango de princesa. Como una de las primeras acciones de su gobierno de facto, Cixi, así como Ci'an, emitieron dos decretos, el primero les otorgó un poder decisivo absoluto y el segundo cambió el título del emperador de Qixiang ("auspicioso") a Tongzhi ("estabilidad colectiva"). Debido a su inexperiencia en la conducción del estado, las dos emperatrices tuvieron que depender del Gran Consejo para lidiar con procedimientos burocráticos complejos. Tanto Cixi como Ci'an fueron los primeros en recibir documentos estatales, y luego se los pasaban al Príncipe Gong y al Gran Consejo. Después de discutir los temas, los miembros del Gran Consejo buscaban una audiencia con las emperatrices y redactaban órdenes imperiales. Las emperatrices eran las únicas que tenían el sello real, y lo aplicaban a todos los decretos después de leerlos detenidamente.

Durante la rebelión de Taiping, la emperatriz viuda Cixi se vio obligada a dejar la defensa de las ciudades chinas en manos de los chinos han. Esto se debió al aumento del estado decrépito del grupo étnico manchú. El general han más prominente que comandó el ejército chino fue Zeng Guofan. Después de la rebelión, Cixi comenzó a nombrar a los chinos Han como gobernadores de las provincias del sur, lo que provocó un gran resentimiento en la corte imperial, que todavía estaba ligada a las tradiciones manchúes.

Durante la rebelión de Taiping, el príncipe Gong pudo obtener el apoyo de los ejércitos chinos han. También se desempeñó como príncipe regente, como jefe del Gran Consejo y como ministro de Asuntos Exteriores. Todas estas posiciones le dieron demasiado poder y Cixi comenzó a sentirse amenazada. Rápidamente lo acusó de corrupción y de no mostrar respeto por el emperador. En abril de 1865, Cixi había reunido una serie de acusaciones contra el príncipe Gong y, como resultado, lo despojó de todos sus títulos y cargos, aunque se le permitió mantener su estatus de noble. Presionado por sus hermanos, los príncipes Dun y Chun, y otros miembros de la corte imperial, Cixi permitió que el príncipe Gong regresara a su oficina como ministro de asuntos exteriores, pero ella no le devolvió su título de príncipe regente. A pesar de que era su aliado más importante hasta ahora, Cixi se aseguró de que nunca más tuviera influencia política. La degradación del príncipe Gong reveló el verdadero poder de la emperatriz.

La emperatriz viuda Cixi era conocida por su obstinada mentalidad tradicional. Aunque inicialmente vio los beneficios del movimiento de Autofortalecimiento, se apresuró a descartar cualquier medida que chocara con la tradición. Por ejemplo, estaba en contra de la construcción de un ferrocarril en Pekín porque los trenes eran demasiado ruidosos y perturbarían las tumbas imperiales. Una vez terminado el ferrocarril, a pesar de sus protestas, consultó si era posible que los trenes fueran tirados por caballos. También devolvió los buques de guerra comprados a Gran Bretaña porque estaban dotados de marineros británicos bajo el mando de oficiales británicos. Pero, sobre todo, tenía miedo de los chinos de pensamiento liberal que estudiaban en el extranjero. Incluso logró cancelar la política que enviaba estudiantes a países extranjeros.

La emperatriz viuda Ci'an fue quien guió al emperador Tongzhi a casarse con Lady Arute cuando cumplió diecisiete años. Cixi no accedió a este matrimonio, ya que era hija de uno de los ocho regentes que había acusado y condenado a muerte por suicidio. Elegir a Lady Arute debe haber sido muy irritante para Cixi. La otra razón para no estar de acuerdo con el matrimonio fue que el signo zodiacal de Lady Arute era un tigre, mientras que Cixi era una cabra. Tan tradicional y supersticiosa como era, la emperatriz viuda Cixi interpretó esto como una señal de que caería presa por Lady Arute. Si bien fue recibida en la corte con todos los honores y gracias, se advirtió a Lady Arute que desconfiara de Cixi y su odio. Se le aconsejó que fuera humilde y dócil en presencia de Cixi, pero Lady Arute respondió que ella era una noble emperatriz que entró al palacio por la puerta principal, mientras que Cixi era solo una consorte que entró por la parte trasera. Desafió a Cixi, lo que instigó aún más odio entre las dos.

Con el fin de separar a la pareja de recién casados, Cixi les ordenó que pasaran menos tiempo juntos y en su lugar se dedicaran a estudiar. Ella confiaba en los eunucos de la corte para espiar a su hijo y su esposa, pero no siempre seguían sus órdenes. Logró separar a la pareja, aislando a su hijo en el Palacio Qianqing, uno de los tres pasillos del patio interior de la Ciudad Prohibida. Aislado, el joven emperador se sentía solo y deprimido, lo que lo llevó a desarrollar un mal genio hacia sus sirvientes, a quienes a menudo golpeaba. Cuando ya no pudo soportar el aislamiento, comenzó a escabullirse del palacio y a disfrutar de los placeres que le ofrecían las zonas sin restricciones de Pekín. Se disfrazaba de plebeyo y pasaba las noches en burdeles.

El emperador Tongzhi demostró ser un gobernante incompetente. Odiaba estudiar, y cuando se convirtió en gobernante independiente, apenas podía leer una oración completa de los documentos oficiales de estado. Debido a su lenta capacidad de aprendizaje, se le dio un gobierno personal cuatro años después de la edad habitual (dieciséis). Su gobierno comenzó en noviembre de 1873. Durante su gobierno, tomó dos decisiones muy importantes. El primero fue para reconstruir el Palacio de Verano, que había sido destruido durante las guerras del Opio. Quería regalárselos a las emperatrices viudas Cixi y Ci'an, pero los historiadores están de acuerdo en que era solo una excusa para deshacerse de su influencia en la corte imperial. Este proyecto agotó gran parte del dinero del tesoro real, por lo que ordenó a los nobles que invirtieran con sus propios fondos. A medida que comenzó la construcción de los palacios, comenzó a pasar más y más tiempo fuera de la Ciudad Prohibida, entregándose a varios placeres.

La segunda decisión que tomó el emperador Tongzhi fue despojar a los príncipes Dun, Chun, Fu y Qing, así como a los miembros del Gran Consejo Li Hongzao y Shen Guifen, de todos sus cargos y títulos. Tanto Cixi como Ci'an intentaron persuadirlo de que cambiara de opinión, pero sus intentos resultaron inútiles. Sin embargo, poco tiempo después, el emperador enfermó. Se cuenta que fue sífilis, enfermedad que contrajo durante sus excursiones a los burdeles. El comunicado oficial decía que padecía viruela. Murió debido a la enfermedad el día 13 de enero de 1875. Lady Arute, tras ganar el título de Emperatriz Xiaozheyi, murió el marzo siguiente.

El emperador Tongzhi no tenía hijos que pudieran heredar el trono. Como sus tíos eran todos de una generación superior a la suya, la tradición consideraba que no eran aptos para gobernar. Es por eso que el primer hijo superviviente del príncipe Chun se convirtió en el nuevo emperador. Casualmente, también era hijo de la hermana menor de Cixi, Yehenara Wanzhen. El emperador Guangxu tenía solo cuatro años cuando ascendió al trono en 1875. El niño emperador fue sacado de su casa y nunca más pudo ver a su familia.

Poco después, la emperatriz viuda Ci'an murió repentinamente en 1881. Muchos creen que fue la emperatriz viuda Cixi quien la envenenó debido a algunas disputas. Pero eso es solo un rumor. La mayoría de los historiadores aceptan el informe de la medicina tradicional china, que afirma que murió de un derrame cerebral repentino. Sin la ayuda de su amiga y cogobernante, la emperatriz viuda Cixi recurrió a la comunicación escrita con los ministros. Incluso se retiró de la celebración de audiencias reales, dejando así al joven emperador solo.

Cixi culpó al príncipe Gong de la pérdida en la guerra chino-francesa, que duró de 1884 a 1885 y fue una guerra no declarada que se libró por el control de territorios en Vietnam. Una vez más, usó su poder para rebajarlo al puesto de asesor. En cambio, elevó al Príncipe Chun a posiciones más altas, ya que era más fácil de manipular.

Según la tradición imperial china, el emperador Guangxu obtuvo el derecho al gobierno personal a la edad de dieciséis años. Cixi comenzó a prepararse para la ceremonia de coronación, pero intimidados por su prestigio y poder, los funcionarios de la corte le pidieron que pospusiera la ceremonia con la excusa de que el emperador aún era demasiado joven. Cixi aceptó las sugerencias y emitió un decreto que le otorgaba el poder de ser la "ayuda" del emperador por tiempo indefinido. Sin embargo, la prolongada regencia de Cixi no impidió que el emperador Guangxu comenzara lentamente a reanudar sus funciones. En 1886, comenzó a agregar sus propios comentarios a los documentos imperiales. En 1887, comenzó a gobernar bajo la supervisión de la emperatriz viuda Cixi. Cuando se casó en 1889, finalmente se convirtió en el único gobernante. Para esposa del emperador, Cixi eligió a su propia sobrina, Jingfen. También era prima del emperador Guangxu, y más tarde sería conocida como emperatriz Longyu.

Cuando el emperador pasó por las ceremonias que le otorgaron reinados de poder imperial, Cixi finalmente se retiró, aunque aún se desempeñaba como cabeza de familia. Se retiró al Palacio de Verano recién construido para disfrutar su jubilación, pero el emperador la visitaba cada dos o tres días con otros funcionarios de la corte. Siempre la buscaban por consejos sobre las cuestiones más complejas de política, y esto le permitió seguir teniendo gran influencia en los asuntos de estado.

Tras el fracaso de la reforma de los Cien Días en 1898, la emperatriz viuda Cixi planeó destituir al emperador Guangxu, culpándolo de conspirar su muerte. Quería nombrar a Pujun, un pariente cercano que tenía catorce años, como el nuevo príncipe heredero. Para evitar un escándalo, Cixi se contentó con sacar al emperador del poder, pero dejándole conservar su título. También fue puesto bajo arresto domiciliario después de perder todo respeto, privilegios y poder. Sin embargo, el emperador de Guangxi desempeñó efectivamente el papel de emperador. Se le permitió mantenerse informado de todos los asuntos reales, pero solo en presencia de la emperatriz viuda Cixi. Tenía que estar presente en las audiencias y se sentaba en un pequeño taburete a la izquierda de Cixi, quien ocupaba el trono principal. No tenía poder real para decidir nada relacionado con política y ni siquiera se le pedía consejo. Sus tutores y simpatizantes fueron exiliados o ejecutados, dejándolo sin compañía.

Durante el levantamiento de los bóxers, la emperatriz viuda Cixi, el emperador Guangxu y el resto de la corte se vieron obligados a huir de Pekín, regresando solo en 1902. En ese momento, Cixi comenzó a implementar reformas políticas en todo el imperio. Envió funcionarios a Europa y Japón para recopilar información sobre leyes, estructura gubernamental, política social y educación, entre otros temas. Finalmente, se dio cuenta de que China no podría sobrevivir como potencia política mundial mientras se aferrara a sus tradiciones e inició reformas radicales. La reforma más importante fue la abolición de los exámenes imperiales en 1905. Su hostilidad hacia los extranjeros no era tan fuerte aún, y comenzó a invitar a las esposas de funcionarios extranjeros a tomar el té en la Ciudad Prohibida. Contrató a una dama de honor con educación occidental para que actuara como traductora en estas reuniones. Poco después, Cixi organizaba fiestas para la comunidad extranjera de Pekín en su Palacio de Verano y permitía que un fotógrafo tomara fotos de ella y su corte. A pesar de que eran fotografías muy escenificadas y diseñadas para impresionar al mundo con la autoridad, estética y refinamiento del imperio chino, estas fotografías son una ventana única a la vida de la emperatriz viuda Cixi, quien gobernó, con todo el poder del estado, durante 45 años.

Foto de la emperatriz viuda Cixi (centro) y las mujeres de la delegación estadounidense

https://en.wikipedia.org/wiki/Empress_Dowager_Cixi#/media/File:The_Qing_Dynasty_Cixi_Imperial_Dowager_Empress_of_China_On_Throne_7.PNG

La emperatriz viuda Cixi murió el 15 de noviembre de 1908, solo un día después del emperador Guangxu. Probablemente previendo su propia muerte, logró instalar a Puyi como el próximo emperador, un día antes de morir. Las pruebas forenses encontraron una enorme cantidad de arsénico en el cuerpo del emperador Guangxu, y los historiadores especulan que Cixi lo envenenó para evitar su ascenso al poder una vez que ella muriera porque sabía que su muerte era inminente.

Fue enterrada cerca de su coemperatriz y amiga de toda la vida, la emperatriz viuda Ci'an. Su tumba es un gran complejo de templos y pabellones cubiertos con láminas de oro. En 1928, el señor de la guerra Sun Dianying y sus fuerzas saquearon su tumba y arrojaron su cuerpo al suelo. Sin embargo, en 1949, el complejo de la tumba de la emperatriz viuda Cixi fue restaurado por el gobierno chino.

Capítulo 10: El levantamiento de los bóxers

Entre 1899 y 1901, tuvo lugar otro levantamiento en China. El objetivo principal de los rebeldes esta vez era luchar contra la influencia extranjera, incluidos los misioneros cristianos. La rebelión fue iniciada por la Milicia Unida en Justicia, otra sociedad secreta milenaria. Los miembros de esta sociedad a menudo eran expertos en artes marciales. Por eso, los extranjeros, en particular los estadounidenses y británicos, los llamaron "boxers". Esta sociedad secreta practicaba un tipo de posesión espiritual, que afirmaban que los hacía inmunes a las balas, cuchillos y balas de cañón. El movimiento fue especialmente atractivo para los aldeanos y adolescentes desempleados y empobrecidos.

Sin embargo, el sentimiento antiextranjero no fue la única razón para iniciar la rebelión. Una serie de sequías e inundaciones azotaron las provincias del norte de China, lo que provocó un aumento de la hambruna y la pobreza en las zonas habitadas por los bóxers. Además, el sentimiento antiimperial estaba en aumento, ya que la dinastía Qing no pudo brindar asistencia.

Después de las guerras del Opio y el Movimiento de Autofortalecimiento, China fue dividida en esferas territoriales de influencia por los alemanes, rusos, británicos y franceses. Los extranjeros tenían control exclusivo sobre diversas industrias, como los sectores minero y ferroviario. Alemania tenía la provincia de Shandong, mientras que Rusia tenía una gran influencia sobre las provincias al norte de la Gran Muralla. Francia controlaba las industrias de las provincias de Yunnan, Guangxi y Guangdong, mientras que Japón controlaba Fujian. El Imperio británico tenía poder sobre el valle del río Yangtze y las partes de Guangdong y Guangxi que no estaban bajo la influencia de Francia o parte del Tíbet. Muchos de los gobiernos extranjeros abrieron sus propias escuelas e iglesias y establecieron a sus propios ciudadanos en estas provincias. Los rusos incluso establecieron su propia administración en varias ciudades sin el consentimiento del gobierno chino.

El Tratado de Tianjin de 1858, que puso fin a la segunda guerra del Opio, permitió a los extranjeros enviar misioneros, que predicaran el cristianismo en toda China. También se les permitió comprar propiedades y tierras y abrir sus propias iglesias. El 1 de noviembre de 1897, una de esas iglesias fue atacada por miembros de la Sociedad de las Grandes Espadas, cuyos miembros eran en su mayoría campesinos. Dos sacerdotes alemanes murieron en el ataque, lo que se conoce como el incidente de Juye. En octubre del mismo año, otro grupo de bóxers atacó a una comunidad cristiana, que había convertido el templo del emperador de Jade en una iglesia católica. Durante este incidente, los bóxers utilizaron el lema "Apoya a los qing, destruye a los extranjeros", una frase por la que luego serían conocidos. El principal temor que tenían los chinos, después de que Alemania se apoderara de la provincia de Shandong, era que las potencias europeas estuvieran tratando de dividir y colonizar su país.

El inicio del movimiento bóxer coincidió con la reforma de los Cien Días del emperador Guangxu. El fracaso de estas reformas solo confirmó la opinión prevalente de que los extranjeros eran los culpables de la crisis nacional que vivía China. Después de perder varias guerras contra los extranjeros, China se vio obligada a aceptar tratados desiguales que les daban a los misioneros la libertad de difundir el cristianismo. El hecho de que las empresas extranjeras también obtuvieran privilegios especiales y estuvieran exentas de las leyes chinas solo podía causar resentimiento entre la población china. Incluso, en 1900, parecía que China sería desmantelada por Japón, Rusia, Alemania y Francia. La dinastía Qing comenzó a perder su poder mientras la cultura china estaba siendo bombardeada por religiones extranjeras y normas sociales extranjeras.

La emperatriz viuda Cixi cambió repentinamente su visión sobre los bóxers durante el año 1900 y les brindó su apoyo. Esto provocó protestas de los extranjeros que habitan China. Animados por este apoyo real, los bóxers comenzaron a extenderse hacia Pekín. En su camino, quemaron iglesias cristianas, mataron a miembros de comunidades cristianas e intimidaron a cualquier funcionario chino que intentara oponerse. Aterrorizados, los diplomáticos extranjeros en Pekín pidieron ayuda a los ejércitos extranjeros, y el gobierno chino permitió que 435 soldados de la marina de otros países ingresaran a Pekín para evitar un escándalo político internacional. En junio de 1900, los bóxers tomaron el control de la línea ferroviaria que conectaba Pekín con Tianjin, lo que significa que Pekín ahora estaba aislada. Sin embargo, todavía estaba bien protegida.

El 11 de junio de 1900, los alemanes capturaron a un joven bóxer y lo ejecutaron inmediatamente. En respuesta, los bóxers, que eran miles, entraron a la ciudad y comenzaron a quemar iglesias, catedrales y cristianos. Los marines estadounidenses lograron defender la Misión Metodista, que acogía refugiados. Los soldados británicos mataron sin piedad a varios miembros de los bóxers, pero sus acciones solo aumentaron la hostilidad de la población china hacia los extranjeros. Como resultado, el ejército musulmán de Gansu y los plebeyos chinos se unieron a los bóxers en su rebelión y comenzaron a matar a los chinos que se habían convertido al cristianismo.

El día antes de que ocurriera este incidente, se envió un segundo contingente de tropas extranjeras a Pekín. Contaba con 2000 soldados y estaba bajo el mando del vicealmirante británico Edward Seymour. Contaban con el apoyo del ministro de Relaciones Exteriores de China, cargo que en ese momento ocupaba el príncipe Gong, un funcionario proexterior y proreforma. Pero la presencia de este ejército enfureció a la emperatriz viuda Cixi. Reemplazó al príncipe Gong con su hermano, el príncipe Duan, quien dio a los boxeadores todo su apoyo. Incluso se convirtió en uno de los líderes bóxers más fuertes, ordenando al ejército qing que atacara a las tropas de Edward Seymour. Sin embargo, el ejército había recibido órdenes contradictorias y las tropas de Seymour obtuvieron el paso de Tianjin a Pekín.

Las fuerzas conjuntas de los ejércitos irregulares e imperiales chinos pronto atacaron a las tropas extranjeras desde todos los lados. El 18 de junio, los boxeadores ganaron la batalla de Langfang, pero a un gran costo. Edward Seymour intentó retirarse con sus tropas, pero estaba constantemente bajo el fuego de la artillería china. Entonces, Seymour decidió cambiar la dirección de acercamiento a Pekín y dirigió su ejército a lo largo del río Beihe, hacia el distrito de Tongzhou, pero se vio obligado a retirarse al día siguiente, ya que las fuerzas rebeldes estaban allí en un número aún mayor. Se estaban quedando sin raciones, municiones y suministros médicos y llevaban consigo a más de 200 soldados heridos.

Sin embargo, fueron afortunados porque, durante su retirada, se encontraron con el Gran Arsenal de Xigu, que apenas tenía defensa y tenía muchas municiones, alimentos y suministros médicos. Los desesperados soldados lograron apoderarse del arsenal y decidieron esperar al rescate. El 25 de junio finalmente llegó la ayuda. Un regimiento compuesto por tropas rusas y británicas acudió a su rescate. Seymour y sus tropas fueron liberados y, junto con sus rescatadores, regresaron a Tianjin.

Dado que estaban aisladas de Pekín, las fuerzas aliadas de los países europeos tuvieron que reforzarse en Tianjin. También capturaron los fuertes de Dagu, lo que les permitió controlar los caminos hacia la ciudad. Entre los extranjeros radicados en Tianjin se encontraba un ingeniero estadounidense que más tarde se convertiría en el 31º presidente de los Estados Unidos, Herbert Hoover. El ejército aliado de la Alianza de las Ocho Naciones, que contaba con más de 55 000, inició su marcha hacia Pekín. Esta alianza estaba formada por Estados Unidos, Gran Bretaña, Alemania, Francia, Imperio austrohúngaro, Italia, Rusia y Japón. Enviaron un ultimátum a la emperatriz viuda Cixi, pidiéndole que China les entregara todo su poder militar y asuntos financieros. Sin embargo, ella los desafió y llamó a la batalla, ya que preferiría enfrentarse a sus antepasados sabiendo que defendía a China. Ordenó a Pekín que se preparara para un ataque, pero después de recibir noticias sobre la caída de los fuertes de Dagu, ordenó a todos los extranjeros, tanto diplomáticos como civiles, que abandonaran Pekín con escolta militar. Temiendo que el ejército chino los matara, los diplomáticos extranjeros, así como los civiles, se negaron a obedecer la orden de las emperatrices.

El 21 de junio de 1900, la emperatriz viuda Cixi declaró la guerra a todos los extranjeros. Sin embargo, los gobernadores que tenían el mando de los ejércitos chinos modernizados, como Li Hongzhang en Cantón, Yuan Shikai en Shandong y Liu Kunyi en Nankín, se negaron a reconocer la declaración de guerra. Algunos de ellos optaron por permanecer neutrales, pero otros ayudaron a los extranjeros a luchar contra los bóxers. Aquellos que decidieron permanecer neutrales lograron mantener al sur de China fuera del conflicto y fueron nombrados Protección Mutua del Sudeste de China.

El Barrio de las Delegaciones de Pekín estuvo bajo ataque durante casi dos meses. Los ejércitos chino y bóxer cavaron túneles debajo del recinto extranjero y colocaron varias minas en su interior. Los extranjeros sufrieron muchas bajas debido a estas minas, así como por la falta de alimentos y medicinas. Los soldados chinos prendieron fuegos alrededor de la Legación británica para asustar a sus habitantes, pero incendiaron la Academia Hanlin, que contenía libros invaluables. Este incidente enfureció a ambos lados, quienes se culparon mutuamente por la pérdida de tan grandes tesoros. Cuando los ejércitos chinos no lograron quemar la Legación británica, construyeron barricadas alrededor de todo el Barrio de la Legación y comenzaron a avanzar, haciendo que los defensores extranjeros se retiraran gradualmente. Los ejércitos chinos nunca intentaron un ataque frontal completo, a pesar de que los historiadores de hoy afirman que habrían podido matar a todos los extranjeros en el Barrio de la Legación en solo una hora. Probablemente fue el miedo a las represalias lo que impidió que la emperatriz viuda Cixi diera tal orden.

El 3 de julio de 1900, una fuerza combinada de soldados británicos, estadounidenses y rusos lanzó un ataque contra la barricada china alrededor del Muro Tártaro, el punto de defensa más crucial en el barrio extranjero de Pekín. Los chinos estaban durmiendo, ya que eran las 3 de la mañana cuando ocurrió el ataque, y fueron tomados con la guardia baja. Los soldados extranjeros lograron matar a veinte chinos y expulsar al resto de las barricadas. El 17 de julio, se convocó una tregua después de que el gobierno chino se enterara de la fuerza aliada de 20 000 soldados, que acababa de desembarcar en China.

Fue el general manchú Ronglu quien decidió que era imposible librar la guerra en múltiples frentes. Detuvo el traslado de artillería que se suponía reforzaría el asedio de Pekín, y con este acto salvó a las legaciones extranjeras y obligó a la corte imperial a aceptar un consenso diplomático. Ronglu y el general Nie Shicheng continuaron protegiendo a los extranjeros y luchando contra los bóxers y el ejército musulmán de Gansu. Distribuyeron alimentos y otros suministros en los complejos extranjeros de Pekín, salvándolos del hambre. Ronglu y Shicheng mantuvieron despejado el camino para el ejército aliado, y esto les permitió llegar rápidamente a Pekín. Pero Ronglu engañó a Nie Shicheng, ya que escondió las órdenes reales del palacio que ordenaban luchar contra los extranjeros. Shicheng pensó que debía luchar contra los bóxers, y pronto, las fuerzas aliadas lo rodearon y atacaron. Al enterarse de su error, decidió terminar con su vida entrando en el rango de la artillería aliada en la batalla de Tianjin. La tregua entre la corte imperial y el Barrio de las Legaciones duró hasta el 13 de agosto, cuando las fuerzas aliadas lideradas por el mayor general británico Alfred Gaselee finalmente llegaron a Pekín.

El área metropolitana de Pekín estaba defendida por tres divisiones de abanderados manchúes, pero dos de ellos estaban bajo el mando del general antibóxer Ronglu. El último estaba bajo el mando del príncipe Duan, que estaba en contra de la influencia de las fuerzas extranjeras, por lo que se unió a las fuerzas musulmanas y bóxer. La mitad de las fuerzas bajo el mando del príncipe Duan no tenía entrenamiento militar occidental, a pesar de que recibieron armas occidentales. El ejército de Gansu también era indisciplinado y vestía uniformes tradicionales chinos, que no ofrecían protección contra las armas modernas. Los chinos fueron diezmados en la batalla contra las fuerzas aliadas de Japón (20 840 hombres), Rusia (13 150), Imperio británico (12 020), Francia (3520), Estados Unidos (3420), Alemania (900), Italia (80) e Imperio austrohúngaro (75). Los británicos fueron los primeros en llegar al Barrio de la Legación, pero la imagen de los soldados estadounidenses escalando las murallas de Pekín es quizás la imagen más icónica del levantamiento de los bóxers. El ejército británico relevó a los extranjeros sitiados por los chinos el 14 de agosto.

Vestidos como granjeros con prendas de algodón azul acolchado, la emperatriz viuda Cixi, el emperador Guangxu, y su pequeño séquito huyeron de Pekín en tres carretas de madera poco después de la batalla. La emperatriz viuda Cixi nunca admitió que se estaban escapando de la ciudad. En cambio, lo llamó un "recorrido de inspección". Viajaron durante varias semanas hasta que finalmente llegaron a la capital de la provincia de Shaanxi, Xi'an. Se encontraban en lo profundo del territorio musulmán chino, defendido solamente por el ejército de Gansu. Sin embargo, como estaba más allá de los pasos de montaña, los extranjeros no pudieron llegar hasta ellos y las fuerzas aliadas no tenían orden de perseguir a la familia real.

Durante más de un año, Pekín, Tianjin y otras ciudades importantes del norte de China fueron ocupadas por una fuerza expedicionaria internacional. Las tropas francesas estaban ocupadas devastando el campo alrededor de Pekín, y los estadounidenses y británicos que lideraban la Alianza de las Ocho Naciones continuaban luchando contra los bóxers. Soldados, civiles y misioneros de todas las naciones se entregaron al saqueo de Pekín, pero las tropas alemanas, japonesas y rusas fueron las más criticadas debido a su crueldad.

Después de la caída de Pekín, muchos funcionarios estatales presionaron para continuar la guerra, alegando que China todavía era fuerte y podría repeler a los extranjeros si permanecía unida. Sin embargo, cuando se ofreció a la emperatriz continuar su gobierno y se le aseguró que ningún territorio de China permanecería ocupado, la emperatriz viuda Cixi acordó la paz. El 7 de septiembre de 1901, se firmó el Protocolo Bóxer, que garantizaba la paz entre la dinastía Qing de China y la Alianza de las Ocho Naciones. China fue multada con reparaciones de guerra de 450 millones de taels de plata (una unidad de medida china) y también tuvo que ejecutar a todos los líderes del levantamiento bóxer. El pago finalizaría en 1940 con un interés del cuatro por ciento. En 1939, China logró pagar más de 668 millones de taels de plata, lo que equivale aproximadamente a mil millones de dólares estadounidenses. Parte del dinero entregado a los EE. UU. como parte de la indemnización de guerra se invirtió en el Programa de becas para indemnización de los bóxers, que pagó la educación de estudiantes chinos en EE. UU. Gran Bretaña también tenía un programa similar.

Las potencias occidentales finalmente se dieron cuenta de que la única forma de colonizar China era a través de la dinastía gobernante qing, ya que tenían un control férreo sobre la población. La emperatriz viuda Cixi finalmente inició las reformas necesarias para modernizar China, a pesar de su resistencia anterior. Después de la muerte de la emperatriz viuda Cixi y el emperador Guangxu, el príncipe regente Zaifeng, también conocido como príncipe Chun, continuó con las reformas.

Capítulo 11: El último emperador

Foto de Puyi (o Pu Yi), el emperador Xuantong, último emperador de China

https://en.wikipedia.org/wiki/

Después de la muerte del emperador Guangxu, un niño de dos años llamado Puyi, elegido por la emperatriz viuda Cixi, se convirtió en el nuevo gobernante. Era hijo del príncipe Chun, hermano del difunto emperador Guangxu. Sus padres no sabían que su hijo iba a ser el emperador hasta que llegó la procesión de eunucos y guardias a sacarlo de su casa. Puyi gritó y lloró cuando lo apartaron de sus padres y, para calmarlo, se permitió que su nodriza lo acompañara al palacio. Al menos su padre estaba allí, tras haber sido nombrado príncipe regente y para llevar a Puyi, de dos años de edad, a su ceremonia de coronación, donde fue nombrado emperador Xuantong. Puyi lloraba asustado por los tambores y obras de teatro ceremoniales. Durante los siguientes siete años, al nuevo emperador se le prohibió ver a su madre, la princesa consorte Chun. La única figura materna que conocía era su nodriza, y desarrolló un vínculo especial que duraría hasta su muerte.

Puyi realmente no tuvo tiempo para ser un niño. Su vida cambió de la noche a la mañana y fue tratado como un verdadero emperador desde el comienzo de su reinado. Nadie se atrevió a disciplinarlo ni a desarrollar una relación emocional más profunda con él. Con el tiempo, Puyi se dio cuenta de que nadie le diría que no y de que todos sus deseos podrían cumplirse. Creció y se convirtió en una persona sádica a la que le gustaba azotar y castigar a sus eunucos y sirvientes. Finalmente, Puyi desarrolló dos personalidades, una que esperaba que todos se inclinaran ante él y a quien le encantaba azotar a los eunucos, y otra que sentía intimidad con las personas, como cuando era un bebé y su nodriza lo amamantaba y acunaba. Su nodriza se llamaba Wang Wen-Chao y era la única persona que podía calmarlo o persuadirlo de sus crueldades diarias hacia los eunucos de la corte. Pero ella solo se quedó con él hasta que cumplió ocho años, después de lo cual fue expulsada de la corte por la emperatriz viuda Longyu. Más tarde, el mismo Puyi escribió que tuvo muchas "madres", pero nunca sintió amor maternal. Cinco concubinas imperiales pertenecientes al exemperador, junto a la emperatriz viuda Longyu como su principal concubina, actuaron como madres de Puyi.

Tenía que hacer una visita semanal para verlos e informar sobre su progreso educativo. Además, las exconcubinas no mostraron interés en Puyi y evitaron que su verdadera madre lo viera.

El joven emperador tampoco tenía privacidad. Estaba constantemente rodeado de eunucos que lo vestían, lo lavaban, le abrían las puertas, le llevaban dulces e incluso soplaban su comida para enfriarla. Para él, los eunucos no eran humanos, sino más bien muebles. Pensaba que podía hacer lo que quisiera con ellos y, a menudo, los hacía comer tierra. Sin embargo, los eunucos se beneficiaban de servir al emperador. Los eunucos vendían o comían toda la comida que él no comía. El emperador también recibía ropa nueva todos los días, y los eunucos vendían las viejas, que estaban hechas de la mejor seda. Había muchos tesoros en la Ciudad Prohibida que los eunucos robaban y vendían en el mercado negro. Había eunucos por todo el palacio, ya que hacían gran parte del trabajo. Eran cocineros, jardineros, personal de limpieza y animadores. También se encargaban del trabajo burocrático del gobierno y servían como asesores imperiales y maestros iniciales del emperador. Los eunucos hablaban en un tono muy agudo y se los obligaba a llevar sus partes cortadas en un pequeño frasco lleno de salmuera alrededor del cuello como prueba de que realmente eran eunucos.

Cuando era niño, a Puyi solo se le permitía aprender sobre los clásicos chinos confucianos. No tenía clases de ciencias, matemáticas ni tampoco geografía. Como declaró más tarde en su propia biografía, durante mucho tiempo ni siquiera supo dónde se encontraba Pekín. Finalmente, cuando tenía trece años, se le permitió recibir visita de su familia. Por primera vez después de muchos años, vio a su madre, pero como cualquier otro sujeto, ella tuvo que mantenerse a una distancia respetuosa e incluso inclinarse ante él. También fue visitado por su hermano menor Pujie, quien ni siquiera sabía que tenía un hermano mayor. Cuando le dijeron que iba a visitar al emperador, Pujie se imaginó a un anciano gris sentado en el trono. Se sorprendió al ver a un niño y saber que era su hermano. Pujie se quedó en el palacio desde ese momento como compañero de juegos del joven emperador.

En 1911, comenzó la Revolución de Xinhai. También se llamó Revolución China. Un levantamiento de personas de todas las esferas sociales logró derrocar a la dinastía Qing y establecer la República de China. El emperador tenía solo seis años cuando debió abdicar. El motín del cuartel militar en Wuhan fue el incidente que provocó la revuelta y se extendió rápidamente por todo el país, ya que la gente comenzó a exigir el fin de la dinastía Qing que había gobernado durante 267 años. El general Yuan Shikai recibió la orden de detener la revolución, pero el ejército no lucharía, ya que la mayoría de los ciudadanos estaban en contra de la dinastía Qing. En lugar de luchar contra los revolucionarios, Yuan comenzó a negociar con ellos. Prometió que organizaría la abdicación del niño emperador, pero a cambio, exigió ser elegido como el primer presidente de la República de China. Presentó los términos de abdicación a la emperatriz viuda Longyu, quien asumió la regencia del padre de Puyi, y emitió el decreto de abdicación el 12 de febrero de 1912, poniendo fin oficialmente al gobierno de la dinastía Qing.

Los "Artículos de trato favorable del gran emperador qing después de su abdicación" que la emperatriz viuda Longyu firmó con la recién establecida República de China aseguraron que Puyi conservara sus títulos imperiales y fuera tratado por la república como lo haría un monarca extranjero. También se le permitió permanecer en la parte norte de la Ciudad Prohibida y en el Palacio de Verano. Se le permitió quedarse con todos los eunucos y demás personal de la corte, pero no se contrataron nuevos sirvientes. La república también se comprometió a pagarle cuatro millones de taels de plata anuales, suma que nunca llegó a pagar en su totalidad. Este "salario" para el emperador fue abolido por completo después de unos años. Lo interesante es que nadie le dijo a Puyi que ya no era el emperador, por lo que continuó actuando como tal. Solo después de la muerte de la emperatriz viuda Longyu en 1912 se dio cuenta de los cambios en la Ciudad Prohibida.

Yuan Shikai se esforzó por comenzar una nueva dinastía imperial. Incluso restauró el imperio brevemente y se proclamó emperador en 1915. Se llamó a sí mismo el emperador Hongxian y gobernó formalmente China hasta el 22 de marzo de 1916. Enfrentó levantamientos en todo el país, ya que los civiles y el ejército estaban firmemente en contra del imperialismo. Después de solo 83 días de gobernar, Yuan Shikai abandonó la monarquía, pero la población estaba enojada y ahora también pidió su renuncia como presidente. Yuan pronto murió de una enfermedad en junio de 1916.

Cuando Puyi tenía trece años, Sir Reginald Johnston, un diplomático escocés, comenzó a servir como tutor del emperador en la Ciudad Prohibida. Fue contratado por el presidente de la República de China, Xu Shichang, quien creía que algún día se restauraría la monarquía. El joven Puyi nunca había visto a un extranjero antes, y los rasgos de Johnston, a saber, su bigote, le resultaban muy divertidos. Bajo esta nueva tutoría, Puyi finalmente comenzó a aprender ciencias políticas, historia e inglés. Comenzó a leer libros en inglés, como *Alicia en el país de las maravillas* y textos de filosofía. Johnston solía contarle al joven Puyi sobre su tierra natal, Escocia, lo que asombró al emperador hasta tal punto que quiso visitarla. Puyi admitió que se sintió intimidado por su nuevo tutor extranjero y sintió por él un respeto que nunca pudo sentir por sus profesores de chino. Este asombro por Johnston hizo que estuviera dispuesto a estudiar más.

Johnston pronto descubrió que podía controlar al joven emperador y, a menudo, lo influenciaba o lo convencía de que abandonara sus caprichosas ideas. Incluso los eunucos comenzaron a confiar en él para lidiar con el comportamiento de Puyi. Bajo la influencia de su tutor extranjero, Puyi eligió un nombre británico "Henry" (en honor al rey de Inglaterra) para sí mismo y comenzó a hablar "chinglish", una mezcla de inglés y mandarín. También descubrió las maravillas del cine y encargó un proyector para el palacio. Los eunucos estaban muy en contra de la tecnología extranjera, pero no podían discutir los deseos de su emperador. Además, Puyi era miope, pero nunca se le permitió usar gafas, ya que se consideraba que no era digno para un emperador. Johnston discutió esta decisión con el príncipe Chun y finalmente ganó. El tutor extranjero del emperador también fue quien introdujo a Puyi en las publicaciones modernas de China. Contrató al escritor Hu Shih para que le enseñara a Puyi los nuevos desarrollos de la literatura china. Puyi escribió algunos poemas que se imprimieron en las publicaciones de "Nueva China" bajo un seudónimo.

Johnston influyó en la forma de vida del palacio más de lo que su título de tutor sugería o permitía. Presentó la bicicleta como una forma más saludable para que el joven Puyi se moviera por la Ciudad Prohibida, en lugar de ser llevado a todas partes. Puyi amaba tanto el ciclismo que se convirtió la pasión de su vida. Bajo las instrucciones de Johnston, Puyi redujo el desperdicio de comida y otras extravagancias en el palacio, y finalmente se dio cuenta de que sus sirvientes también necesitaban comer. Aprendió a abrir las puertas por sí mismo en lugar de esperar que alguien más lo hiciera por él. Además, el joven emperador decidió cortarse la cola manchú y dejarse crecer el pelo al estilo occidental, y también expresó su deseo de estudiar en Oxford. Johnston también implantó el primer teléfono en el palacio, y a Puyi le gustó tanto que a menudo llamaba a números aleatorios solo para escuchar las voces de otras personas al otro lado.

En 1922, Puyi se casó con Gobulo Wanrong, hija de un aristócrata manchú. Ella no fue su primera opción como esposa, pero bajo la presión de las consortes viudas, se casó con ella. Se le informó que su primera opción solo era adecuada para ser su consorte. Puyi intentó escapar de la Ciudad Prohibida el 4 de junio de 1922, aunque que no tenía nada que ver con su futuro matrimonio: solo quería ir a Oxford a estudiar. Incluso planeó escribir una carta abierta al pueblo de

China explicando sus razones y renunciando al título de emperador. Johnston fue quien lo detuvo. Simplemente se negó a pedir un taxi e ir con Puyi, quien temía estar solo en las calles de Pekín, y mucho más viajar a un país extranjero. Aunque Sir Reginald Johnston no mostraba más que un gran afecto por el joven Puyi, tenía la firme creencia de que China necesitaba un emperador y que el poder de la corte imperial volvería con Puyi como nuevo gobernante.

El 21 de octubre de 1922, Puyi se casó con la princesa Wanrong y con su consorte, Wenxiu. La ceremonia tuvo lugar durante la noche, bajo la luna llena, ya que la tradición china dicta que la luna trae suerte al matrimonio. Después de la boda, Puyi, Wanrong y Wenxiu fueron al Palacio de la Tranquilidad Terrenal, un lugar donde los emperadores tradicionalmente consuman sus matrimonios. Sin embargo, Puyi era joven e inexperto. Al crecer rodeado de eunucos, no tenía conocimiento de lo que se esperaba de él, y huyó, dejando a las dos mujeres solas. Puyi nunca tuvo hijos y vivió una serie de matrimonios infelices. Esto llevó a la gente a pensar que era homosexual. Pero no hay rumores de que haya tenido un amante masculino. Algunos creen que simplemente era impotente. Dado que hay tantas teorías sobre su sexualidad, probablemente siempre será un misterio.

En 1923, Puyi quería detener la corrupción dentro de la Ciudad Prohibida. Como primera medida, ordenó un inventario de los tesoros reales. Para encubrir sus robos, los eunucos quemaron el Salón de la Suprema Armonía durante la noche del 26 de junio. El informe de pérdidas por el incendio incluyó un número significativo de estatuas, adornos de oro, antigüedades de porcelana y pieles, pero la mayoría de objetos había sido vendida probablemente en el mercado negro por eunucos ladrones. Como resultado del incendio y las crecientes sospechas, Puyi expulsó a todos los eunucos del palacio, dejando solo a cincuenta de ellos para servir a las consortes viudas, quienes afirmaron que los necesitaban para vivir. La Ciudad Prohibida de repente quedó vacía, adquiriendo una atmósfera de lugar abandonado y desolado. En el lugar del palacio quemado, Puyi ordenó que se construyera una cancha de tenis para él y su esposa, Wanrong.

El golpe de 1924, que vio al señor de la guerra Feng Yuxiang tomar el control de Pekín, fue un evento que cambió la vida de Puyi. Feng decidió revisar los "Artículos de trato favorable" y el 5 de noviembre de 1924, se abolieron los títulos y privilegios de Puyi. Fue expulsado de la Ciudad Prohibida y se convirtió en ciudadano privado de la República de China. Buscó refugio en una embajada japonesa en Pekín debido al consejo de su tutor Johnston, quien sintió que la tradición japonesa de adorar a su emperador como un dios sería un ambiente mucho más adecuado para Puyi. Sin embargo, los japoneses tenían planes de usar y controlar a Puyi. Finalmente, lo trasladaron a la concesión japonesa de Tianjin, donde pudieron monitorearlo e influenciarlo fácilmente sin la intromisión del gobierno chino. El 23 de febrero de 1925, Puyi tomó el tren hacia Tianjin, vistiendo un sencillo vestido chino.

Durante su vida en Tianjin, Puyi era convocado a menudo por varios señores de la guerra y generales militares, tanto chinos como extranjeros, quienes le prometieron restaurarlo al trono si les daba dinero. Puyi prestó más de 5000 libras esterlinas al general ruso Grigory Semyonov, pero nunca le devolvieron el dinero. Por aburrimiento, Puyi se entregó a las compras excesivas, que incluyeron compra de pianos, relojes, zapatos y ropa occidental. Su primera esposa, Wanrong, comenzó a consumir opio debido a su nuevo estilo de vida y su matrimonio comenzó a desmoronarse. Wanrong fue educada en el estilo occidental y comenzó a desagradarle la vida de emperatriz, una vida llena de protocolos tradicionales sin sentido. Era joven y amaba el baile, la música jazz y la moda occidental, y comenzó a disfrutar plenamente de la vida que la República de China moderna tenía para ofrecer. En 1928, la consorte de Puyi, Wenxiu, declaró que ya estaba harta de él. Simplemente salió del palacio japonés en Tianjin y solicitó el divorcio.

En 1931, Japón inició la invasión de Manchuria después de que Puyi le escribiera al ministro de guerra japonés expresando su deseo de ser restaurado al trono. Japón se ofreció a ponerlo como emperador de la recién conquistada Manchuria, y él aceptó. Sin embargo, Wanrong no quería seguir a su esposo, ya que veía sus acciones como una traición. Fue la prima de Puyi, Eastern Jewel, quien finalmente convenció a Wanrong de que siguiera a su esposo, ya que era su deber. Eastern Jewel, también conocida como Yoshiko Kawashima, era una princesa manchú que trabajaba como espía para el gobierno japonés. Era un personaje interesante, ya que era abiertamente bisexual y a menudo vestía de hombre. Su carrera de espía terminó cuando se hizo demasiado famosa, y desde entonces, comenzó a aparecer en periódicos y radio. Siendo una celebridad, no era tan útil como siendo espía, pero fue utilizada como herramienta de propaganda para la política projaponesa. Fue arrestada el 11 de noviembre de 1945 en Pekín. Como nunca renunció a su ciudadanía china, fue juzgada como traidora doméstica y no como criminal de guerra. En marzo de 1948 fue ejecutada por un balazo en la nuca tras ser declarada traidora.

Protegido por los japoneses, Puyi se fue de Tianjin a Manchuria, a pesar de que el gobierno chino emitió una orden de arresto en su contra, declarándolo un traidor. Cuando llegó a Port Arthur, conoció a Masahiko Amakasu, un general japonés conocido por su brutalidad en el campo de batalla. Le contó sobre cómo había matado a mujeres y niños, y Puyi comenzó a darse cuenta de que estaba preso en Manchuria, ya que tenía prohibido salir de su hotel.

Durante 1932, se organizó el nuevo estado de Manchukuo con Puyi como director ejecutivo. Estaba muy decepcionado de que no lo llamaran "Su Majestad Imperial" y de no gobernar con el Mandato del Cielo. Lo tranquilizó Seishiro Itagaki, el ministro de guerra japonés, quien le prometió que algún día volvería a ser emperador. También le dijo que Manchukuo era solo el comienzo y que Japón tenía planes de conquistar toda China y restaurar la dinastía Qing. Puyi creía que

Manchukuo era solo su base temporal y, tal como lo habían hecho sus antepasados en 1644, lideraría un ejército que volvería a tomar toda China. En la propaganda japonesa, Puyi fue representado como un rey confuciano que restauraría la virtud. También se le presentó como un revolucionario que comenzaría a modernizar el país. Pero Manchukuo era un estado títere del Imperio de Japón y, como tal, tenía que complir las órdenes de Japón.

En 1933, le dijeron a Puyi que finalmente iba a ser emperador de Manchukuo. Preguntó si volvería a recibir el título de "Gran emperador Qing", pero se sintió decepcionado al saber que el título pertenecía al emperador de Japón, Hirohito, que ahora era su padre. Puyi debía obedecer al ejército japonés de Kwantung, ya que representaba la voluntad del emperador japonés. Puyi fue coronado el 1 de marzo de 1934 en Changchun, su nueva capital. Wanrong no asistió a la ceremonia, ya que su odio hacia Japón y su adicción al opio no podían garantizar que su comportamiento siguiera siendo apropiado durante toda la ceremonia. Puyi fue el único emperador chino que vistió prendas de estilo occidental en su ceremonia de coronación. No podía estar de acuerdo con los funcionarios japoneses, que querían que vistiera un uniforme manchukuo en lugar de las tradicionales túnicas manchúes de la dinastía Qing. Después de la coronación, dado que Changchun no tenía palacios, Puyi, a quien ahora se dirigía con el título de Kangde, se mudó al Salt Tax Palace, un edificio administrativo de cuando Rusia estaba en Manchuria. Allí vivió como prisionero, fuertemente custodiado por el ejército japonés. No se le permitió salir del palacio sin el permiso de los generales japoneses.

Como jefe de estado, Puyi tuvo que firmar documentos y decretos. Pero le decían qué firmar y qué no, ya que el verdadero poder procedía de Tokio. Con su firma en los documentos, Puyi fue directamente responsable de las atrocidades japonesas cometidas en Manchukuo. Además, firmó documentos en los que Japón obtuvo el control de vastas tierras agrícolas. El ejército de Kwantung también ocupó distritos enteros en la ciudad capital, mientras que el Salt Palace de Puyi era un pequeño edificio al lado del ferrocarril y la zona roja. Manchukuo era un verdadero estado colonial y Japón era el único que se beneficiaba de él. Japón planeaba poblar Manchukuo con familias predominantemente japonesas y ayudar a controlar la superpoblación de su propio país, por lo que los granjeros chinos y coreanos fueron desalojados para dar lugar a familias japonesas, que llegaron en gran número. Cualquiera que se opusiera a las órdenes era utilizado como práctica de tiro para el ejército de Kwantung. Los trabajadores chinos eran explotados en nuevas fábricas y minas en todo Manchukuo, y con frecuencia eran deshumanizados y tratados como esclavos.

La vida de Puyi como emperador títere de Manchukuo constaba de firmar documentos preparados por Japón, consultar oráculos y recitar oraciones. También pasó gran parte de su tiempo haciendo visitas formales en todo el estado, además de ser un participante activo en varias ceremonias. Poco a poco, se dio cuenta de que sus "súbditos leales" lo odiaban y de que estaba preso en el Palacio de la Sal, y estaba al borde de la locura. Su estado de ánimo cambiaba con frecuencia y volvió a golpear sádicamente a sus sirvientes.

Poco sabía Puyi de lo que estaba sucediendo fuera de su palacio. Solo sabía lo que le decían los funcionarios japoneses. Nada sabía sobre la segunda guerra chino-japonesa o la Masacre de Nankín de diciembre de 1937. Al año siguiente, 1938, Adolf Hitler reconoció el estado de Manchukuo y se llevaron a cabo los preparativos para el montaje de una embajada alemana. La recién renombrada capital Hsinking (Changchún) solo contaba con las embajadas de Japón, El Salvador, República Dominicana, Costa Rica, Italia y la España nacionalista, todos los estados que reconocían la soberanía de Manchukuo.

En 1938, Puyi fue declarado dios, y los alumnos comenzaban sus clases con oraciones a su retrato. El culto de adoración al emperador se organizaba como en Japón. Se decidió que los ciudadanos de

Japón y Corea eran dedicados a su país y sacrificarían todo por su Dios Emperador. En vista de la segunda guerra chino-japonesa, la gente de Manchukuo necesitaba la misma devoción, ya que se estaban llevando a cabo reclutamientos masivos del ejército. Convertirse en dios fue difícil para Puyi, ya que nunca se le permitió salir de su Salt Tax Palace. Se vio obligado a firmar un documento en el que cualquiera de sus hijos varones, si hubiera, sería enviado a Japón para su crianza.

Su esposa Wanrong había desarrollado un romance con el conductor de Puyi, Li Tiyu, y de esa relación nació una niña. Los funcionarios japoneses decidieron envenenar a la bebé recién nacida y, para castigarla, Wanrong tuvo que ver morir a su hija. Puyi estaba al tanto de lo que los japoneses planeaban hacerle al niño, pero no podía hacer nada al respecto. Más tarde, un escritor fantasma que trabajó en su autobiografía declaró que Puyi no podía hablar sobre estos eventos porque estaba demasiado avergonzado de sí mismo. Wanrong perdió toda su voluntad de vivir después de la muerte de su hija y pasó sus días apagando su dolor con opio.

Siguiendo el ejemplo de Japón, Manchukuo declaró la guerra a Estados Unidos y Gran Bretaña en 1941. Puyi fue un títere japonés ejemplar durante la guerra. En una de las raras ocasiones en que se le permitió salir del palacio, Puyi saludó a los graduados de la Academia Militar Manchukuo y le regaló un reloj de oro al cadete con mejor desempeño. Este cadete era un soldado coreano llamado Park Chung-hee, que más tarde se convertiría en el dictador de Corea del Sur (1961).

En 1942, Puyi perdió a su concubina, Tan Yuling. Él creía que había sido envenenada por los médicos japoneses que mataron a la hija de Wanrong. Por el resto de su vida, mantuvo un mechón de cabello de Tan y sus uñas cortadas como recuerdo, afirmando que ella era muy querida para él. A pesar de haber sido presionado por funcionarios japoneses, Puyi no quería aceptar una concubina japonesa. En cambio, eligió a una chica china de dieciséis años de baja cuna llamada Li Yuqin.

Durante casi toda la Segunda Guerra Mundial, Puyi creyó que Japón estaba ganando. Comenzó a dudar de sus creencias solo cuando la propaganda japonesa comenzó a mencionar los heroicos sacrificios de Birmania y las islas del Pacífico. Reunió el coraje para finalmente encender una estación de radio china y se sorprendió al saber cuántas derrotas había sufrido Japón. En secreto, comenzó a desear que los aliados ganaran la guerra. En 1945, le dijeron que Rusia había declarado la guerra a Japón y que el Ejército Rojo estaba entrando en Manchukuo. Sin embargo, los generales japoneses aseguraron a Puyi que podrían derrotar fácilmente a los rusos. Cuando el Ejército Rojo, seguido por el ejército mongol, entró en la capital de Hsinking y aplastó al ejército de Kwantung, Puyi fue rápidamente llevado al sur de Manchukuo en tren. Observó al ejército imperial de Manchukuo desertando por temor al Ejército Rojo. Los generales japoneses y coreanos fueron los primeros en abandonar la capital, si es que no se habían suicidado ya. El 14 de agosto de 1945, Puyi se enteró de la rendición de Japón al escuchar el discurso de Hirohito por la radio. Esta fue también la primera vez que escuchó sobre el bombardeo de Hiroshima y Nagasaki, ya que los generales japoneses nunca se molestaron en contarle. Al día siguiente, Puyi abdicó como emperador, afirmando que Manchukuo era una vez más parte de la República de China. Planeaba escapar en avión a Japón, dejando atrás a su esposa Wanrong y su concubina. También abandonó a la esposa de su hermano y sus dos hijas. Puyi no quería dejar atrás a mujeres y niños, pero los japoneses no los aceptarían porque veían la vida de los hombres como más importante. Esta fue la última vez que Puyi vio a Wanrong. Sin embargo, en lugar de un avión japonés, vino a recogerlo un avión ruso. Puyi y su séquito fueron arrestados por el Ejército Rojo, y los que dejó atrás fueron capturados por comunistas chinos.

Wanrong fue exhibida en su celda de la cárcel, y gente de todo el país vino a verla. Bajo los síntomas de abstinencia del opio, comenzó a alucinar, dando órdenes a sus sirvientes imaginarios y gritando por su hija muerta. Debido a que apoyaba a su esposo, Wanrong era vista como una simpatizante japonesa y no recibió respeto por parte de los funcionarios chinos ni de la gente común. Incluso dejaron de alimentarla, y murió de hambre en 1946, en un charco de su propio vómito y orina, y la gente seguía viniendo a verla, riéndose de ella. Puyi se enteró de su muerte solo en 1951.

Los rusos llevaron a Puyi a un sanatorio siberiano en Chita y luego a Khabarovsk, un centro de spa cerca de la frontera con China, donde lo trataron bien e incluso se le permitió tener sirvientes. Temiendo que los soviéticos lo extraditaran pronto a China, Puyi escribió a Stalin pidiéndole asilo y uno de los palacios de la antigua familia real rusa. Nunca recibió respuesta. Sin embargo, los rusos se negaron a entregarlo a los chinos, ya que probablemente lo habrían ejecutado. Puyi sabía de la guerra civil China, librada entre el gobierno de la República de China y el Partido Comunista de China, ya que se le permitió escuchar la radio, pero nunca mostró mucho interés en ella. Pasó sus días en Rusia rezando a Buda y siendo cruel con sus sirvientes y otros prisioneros.

En 1946, Puyi testificó en el Tribunal Penal Militar Internacional para el Lejano Oriente, donde los líderes del Imperio de Japón fueron juzgados por crímenes de guerra y conspiración. Más tarde, Puyi admitió que mintió y ocultó toda la verdad a este tribunal, ya que estaba tratando de salvar su propio pellejo. Cuando se le preguntó si fue secuestrado por los japoneses y llevado a Manchukuo para ser su emperador por la fuerza, Puyi respondió que nunca fue su intención salir de China y que no abandonó Tianjin voluntariamente.

Después de las negociaciones entre Rusia y la China maoísta, Puyi fue trasladado de regreso a China en 1950. Mao Zedong, el líder de la China comunista, consideró valioso mantener vivo a Puyi. Si pudiera quebrar a Puyi y remodelarlo para convertirlo en comunista, nadie podría negar el poder del sistema comunista chino. Incluso los rusos tuvieron que ejecutar a su familia real, lo que significa que incluso Lenin no ejercía tanto poder. Esto haría que el comunismo chino fuera superior a cualquier otro en la Tierra. Puyi temía ser ejecutado en China, ya que nadie le informó del plan de reeducación. En cambio, fue llevado al Centro de Gestión de Criminales de Guerra de Fushun, donde pasó los siguientes diez años hasta ser declarado como reformado.

En Fushun, los prisioneros intimidaban a Puyi porque no sabía cuidarse solo. A la edad de 44 años, no sabía ni atarse los cordones de los zapatos ni cepillarse los dientes. A menudo dejaba las puertas abiertas y nunca hacía su cama, ya que todavía esperaba que otros hicieran estos trabajos por él. Durante toda su vida, nunca tuvo que cuidarse, siempre tenía sirvientes que lo bañaban, lo vestían, lo alimentaban. Sin embargo, nunca le sucedió nada grave porque los guardias lo querían, particularmente el director, Jin Yuan, quien creció en Manchukuo y se inclinaba ante el retrato de Puyi cuando era un niño. Describió a Puyi como una persona muy agradable y dijo que le gustaba mucho.

En diciembre de 1959, a Puyi se le permitió abandonar el centro porque Mao lo consideraba un hombre reformado con éxito. A Puyi le dieron un trabajo como barrendero y tuvo que vivir en un edificio de apartamentos común con su hermana. En su primer día como barrendero, se perdió, ya que nunca antes había caminado por las calles de Pekín. Después de seis meses, encontró empleo en el Jardín Botánico de Pekín, un empleo que amaba, ya que encontraba la paz en la jardinería. Visitó la Ciudad Prohibida junto con otros turistas que disfrutaban escuchando sus historias de vida en el palacio. Puyi a menudo era descrito por otras personas como una persona extremadamente agradable, hasta el punto de perder un viaje en autobús por dejar que todos entraran antes que él. En cafés y restaurantes, les decía a los camareros que quien debería servirles era él. Una vez, accidentalmente atropelló a una señora mayor con su bicicleta, y mientras estaba hospitalizada, la visitaba y le llevaba flores. También fue descrito como un hombre muy torpe que dejaba caer cosas constantemente. No tenía idea de cómo usar el dinero y tuvo que superar los obstáculos de la vida cotidiana con un esfuerzo adicional. En 1962, se casó con una enfermera llamada Li Shuxian. La amaba mucho y no se apartó de ella cuando estuvo enferma. A menudo le decía que ella era todo su mundo y que moriría si ella se marchaba.

Puyi escribió su autobiografía con la ayuda del escritor fantasma Li Wenda e incluso fue alentado por el propio Mao Zedong. Esta autobiografía tenía el propósito de promover el comunismo y cuenta la historia de su apoyo al nuevo régimen chino. El libro se tituló *Wode Qian Bansheng* (La primera mitad de mi vida), pero fue traducido al inglés como *From Emperor to Citizen*. Li Wenda tardó cuatro años en escribir el libro basado en las historias y entrevistas de Puyi.

Unos años más tarde, Puyi murió de cáncer de riñón y enfermedad cardíaca el 17 de octubre de 1967, a la edad de 61 años. Su cuerpo fue cremado de acuerdo con las leyes chinas. Sus cenizas fueron colocadas junto a otros dignatarios del Partido Comunista en el Cementerio Revolucionario de Babaoshan. En 1995, Li Shuxian, la viuda de Puyi, transfirió sus cenizas al Cementerio Imperial de Hualong, donde aún se encuentran junto a los otros emperadores de la dinastía Qing.

Conclusión

Después de la revolución china que derrocó a la última dinastía imperial, la vida de la mayoría de los ciudadanos chinos no cambió. Algunos dicen que el único cambio que pudieron observar fue la moneda, aunque el poder adquisitivo de sus salarios permaneció igual en su mayor parte. Sin embargo, la historia es diferente para la élite china, que vio la revolución como un evento que cambiaría profundamente sus vidas. Algunos fieles a la dinastía Qing se suicidaron, mientras que otros se negaron a cortar sus colas manchúes. Había un aspecto de la vieja cultura que los partidarios qing no podían controlar, especificamente, la prohibición de atar los pies femeninos, una práctica que se consideraba estéticamente agradable, incluso erótica.

Los primeros intentos de crear una república tuvieron varias dificultades. Muchos funcionarios estatales estaban ansiosos por la pérdida de la figura gobernante central y tenían un fuerte deseo de volver al sistema imperial. Durante mucho tiempo, China luchó por implementar un nuevo gobierno que impulsara al país multicultural hacia adelante. Algunas etnias comenzaron a desear su propia identidad nacional y su propia patria. Los chinos han actuaron como la única nación que tenía derecho sobre la China propiamente dicha. Estos problemas todavía existen.

Al observar desde una perspectiva global, el colapso de la dinastía Qing en 1912 se produjo en el momento adecuado. La caída del Imperio ruso ocurrió poco después en 1917 y la del Imperio otomano en 1922. El mundo estaba cambiando su rostro político, pero ¿la gente estaba preparada para ese cambio? Puyi, el último emperador de China, fue la imagen de este cambio tan necesario. Pasó de ser el niño emperador egoísta, que disfrutaba de golpear a sus eunucos, a un hombre completamente reformado, amable y gentil. Un emperador que solo conocía las riquezas de los palacios se convirtió en un hombre que vivía humildemente en un apartamento residencial en Pekín y limpiaba las calles y el jardín. La vida de Puyi es un símbolo de la transición de China como imperio a China como república, y algunas de las heridas de esa transición aún no han sanado por completo hasta el día de hoy.

Vea más libros escritos por Captivating History

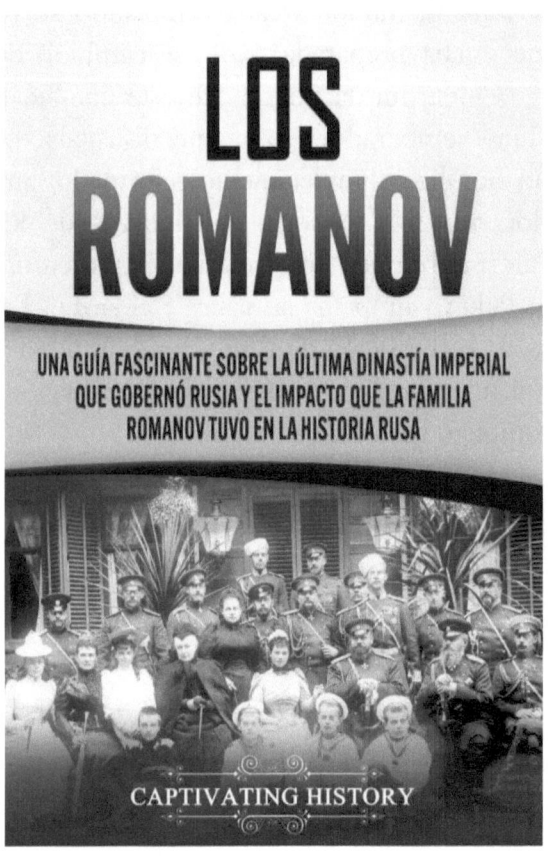

Referencias

Mao, H., Lovell, J., Lawson, J., Smith, C. y Lavelle, P. (2018). *El Imperio Qing y la guerra del Opio: el colapso de la dinastía celestial.* United Kingdom: Cambridge University Press.

Platt, SR (2018). *Crepúsculo imperial: la guerra del Opio y el fin de la última edad de oro de China.* Londres, Reino Unido: Atlantic Books.

Puyi y Kramer, P. (2019). *El último manchú: la autobiografía de Henry Pu Yi, último emperador de China.* Nueva York: Ishi Press.

Rowe, W. T. (2012). *El último imperio de China: el gran Qing.* Cambridge, MA: Belknap Press of Harvard University Press.

www.ingramcontent.com/pod-product-compliance
Lightning Source LLC
LaVergne TN
LVHW041642060526
838200LV00040B/1670